星雲大師

如是說

我能接受自己嗎？

㊀ 說個人事

前言

星雲大師曾經這麼說：「來世，我會回來看你們。」

緬懷星雲大師，今《星雲大師如是說》套書出版，是大師應答時人、弟子，心開意解的禮物，希望讀者受用。在套書成形過程，我們深刻體認，星雲大師一生是信願行的展現。

「小朋友，你要出家做和尚嗎？」一個因緣。

「要啦！」年方十二的孩子把握住。不懂出家的意義，就這麼回了，一言既出，歷經磨難也不後悔。**是信**：相信自己能、會、可以、做得到！

貧乏的戰亂時代，十七歲的星雲大師得了瘧疾奄奄一息，他的師父志開上人差人送來半碗鹹菜，感動於師父無聲的關懷及期許，發心願盡形壽，將全副身心奉獻給佛教，以報師恩，**是願**。

二十六歲落腳宜蘭雷音寺，以文化、教育為重心實踐願心，成立宜蘭念佛會、佛教歌詠隊、學生會、青年弘法團、環島布教、弘揚大藏經等等，於縫紉機上完成《釋迦牟尼佛傳》、《玉琳國師》。這時，人間佛教藍圖已然擘劃。一九六七年高雄總本山佛光山開山，通過各種布施、結緣，領四眾集體創作，厚積福德因緣六十年，以文化弘揚佛法、以教育培養人才、以慈善福利社會、以共修淨化人心，持續佛光照五洲，**是行**。

大師用一生體證，「信願行」是做人處事、團體共事、利益眾生最方便的法門，是一門「應用管理學」，從個人，到我在眾中的社會，或眾中有我的天下間，道理皆是如此。

星雲大師這期歲月未曾空過，為了佛說的、人要的、淨化的、善美的，用盡人生三百歲，如今以星的光明臨照人間，以雲的姿態雲水時空。大師不要我們仰望，要我們看緊眼前、腳下，見到自己、他人，並於世間創造且隨順因緣，因為，因緣不會辜負我們。

緣著這份星雲大師為人間所帶來的感動，香海編輯團隊自《星雲大師全集・如是說》選編六百篇，析分為《壹說個人事》、《貳說社會事》、《參說天下事》三冊。書裡標出若干大師美好的思想配以繪圖，也必會有我們與大師相應的心裡話，都是大師充滿智慧的祝福跟期許。

大師說人生最大的敵人是自己，更說菩薩一切講說都是叫我們做自己的主人，準備好不怕辛苦，提升、超越自己，與人間、世界廣結善緣了嗎？

別讓星雲大師回首，如回首阿彌陀佛，對我們說：「太慢了！」

星雲大師如是說㊀說個人事

1 發揮有限的生命

一九八〇年三月二十三日，大師在台北別院會見中原理工學院學生後，為隨侍在旁的知客法師指導服務的真義。

大師說：「人生的意義不在於戀棧長壽，也不在於求得生命的永生，應該要想：如何發揮有限的生命，把它的內涵做無限的發揮。我們看看煙火，飛上天空後，雖然瞬間消滅，時間那麼地短暫，卻為人間留下燦爛的光彩。

我們求法的人，也要以赤忱丹心，為佛教寫下光輝的一頁。人人都要有做燈芯、燈油的認識，只要佛法的『無盡燈』能夠傳承下去，雖然我們這一盞熄滅了，但佛法的心燈，卻因為我們的奉獻，而能燈燈相續，永遠照耀於宇宙。這是我們生存在人間，最有價值的事情。」

2 如何安住身心？

一九八〇年七月十八日晚間七時三十分，大師於朝山會館龍廳召集全山大眾開示佛法。

大師如是說：發覺別人對我不好的臉色，如果錯在我，就要檢討，反躬自問，然後改正。如果出於誤會，就不須介意，以「有則改之，無則嘉勉」的態度處理，才是最好的修養。

有許多人心性非常脆弱，因而「一屁打過江」的情形經常遇到，他們在對方還沒有給臉色看時，心裡先就難過了，更何況給臉色看？

在禪宗的公案裡面，有這麼一段紀事：

白雲守端禪師在茶陵郁禪師處學道，始終不能開悟，後來跟隨楊岐方會禪師參學。一天，方會問他：「據說你師父在摔跤悟道的時候，作了一首詩偈，你記得嗎？」白雲守端禪師立刻念道：「我有明珠一顆，久被塵勞關鎖；今朝塵盡光生，照破山河萬朵。」

方會禪師聽了，對著他哈哈大笑後，轉身就走了。

白雲禪師不明何故，苦惱多日，不得其解，終於忍不住去問方會禪師，是不是自己說錯了什麼？

方會禪師回答說：「你見過廟前玩把戲的小丑嗎？他們做出種種逗趣的動作，無非是想搏人一笑；觀眾笑得愈大聲，他們就表演得愈開心。怎麼？我只不過自然地對你一笑，你就放不下了，這豈不是比不上那些小丑嗎？」

白雲禪師如夢初醒，於是放下長久以來的執著而開悟了。

修道的人要看得開、放得下，不要被外境所轉，所謂東風吹來向西倒，西風吹來向東倒。一句話、一個臉色，有什麼了不起？生死到來，我都不怕了，何況一個臉色、一句話！要認清自己的立場，明白自己的價值，世間的毀譽、得失，都無法影響我們；好比去除灰塵的明珠，光照萬里。要能鎮定自己、鞏固自己，才是自救救人之道。

另外，本山有許多徒眾，心中總覺得我待他不夠關心、不夠愛護。一個人不要光是要求他人待自己好，等待別人的施予；我們接受的那個當下，先想想自己奉獻了多少？師父不關心我、不愛護我？你可曾想到，我對師父奉獻了多少？我對常住盡了多少心力？時常這樣地反省檢討，就不會因此苦惱自己。

舉我自己的例子來說，我跟隨家師在叢林裡面求學十年，不曾拿過家師的錢，只穿過家師送的二套舊衣服。有一次因為害病，家師給了我半碗鹹菜，捧著那半碗鹹菜，我熱淚奔流，感動萬分，當時就立下誓願：「從此為師父做牛做馬，肝腦塗地，在所不辭。」

在叢林裡面，我很安心，從無二念，我真正是做到了「滴水之恩，湧泉以報」。因為師父很少給我，到現在養成我沒有購買的習慣，那麼我就是個貧窮的人嗎？不！我認為自己是最富有的人。我不買，表示我什麼都不缺，什麼都擁有，這不就是富有嗎？

因此，我覺得大家應該常常想到：如何奉獻？如何布施？常常為常住著想，自然就能安住身心。

3 廣結善緣灑淨身心

一九八〇年十一月二十日晚上八時，本山舉行萬緣水陸法會的薰壇灑淨儀式，大師於法會後為信眾開示。

大師說：今天在這裡舉行萬緣法會的灑淨典禮，各位來自台灣各個不同的地方，共同聚集在最高的接引大佛底下，來共結佛緣，這是很不容易的。

灑淨，主要意義是洗淨自己的身心來共結萬人之緣，就如衣服髒了不加清洗更換，穿在身上就不舒服；身體髒了不沐浴清潔，行住坐臥都不自在；心裡髒了不滌蕩清淨，怎能處世做人修行佛道呢？

我們的心中有什麼垢穢？有時是貪欲心造成的不淨；有時是瞋恨心造成的骯髒；有時是愚癡心造成的障礙。

今天就以「廣結善緣、灑淨身心」和大家結緣。

4 禪是心靈的工程師

一九八一年一月三十日晚上，東海大學與民政廳、救國團，聯合舉辦「中國文化研討會」，大師應邀以「中國禪宗之特質」為主題，宣講禪者悟道的境界。與會者有東海大學哲學系教授，以及大學部、碩士班等近二百名學生共享禪心法味。

大師以禪的三項特質，闡述禪法的精要大義。

一、禪宗第一個特質在於「無」：世間上，「無」是相對「有」而說的，但禪宗談到的「無」，是超越一般「有」、「無」的對待；禪，包含了「有」，更統一了「有」與「無」的對待差別。因此，要了解禪宗，首先要從一個「無」字去參究。

二、禪宗第二個特質在於「心」：明心見性，是禪者徹悟的境界，也是佛教所有法門的共同目標；不管打坐、拜佛、念佛，其目的都在開發內心的佛性寶藏。可惜多數人皆向外追求功名富貴，缺乏往內觀照的功夫，如此怎麼能體會盤腿靜坐時，當下那種解脫的法喜呢？禪，是當我們放下虛妄紛飛的妄心，就能尋回自己的真心。

三、禪宗第三個特質在於「肯定自我」：禪，注重內在慈悲、智慧的涵養與實踐，反對形式上的宗教崇拜。學禪，從打坐讓身心健康開始，更重要的是透過禪來認識自己、肯定自己，繼而發揮自己的無限潛能。

最後大師以「肯定自己」，勉勵與會大眾要用「禪」來找回自己的「真心」。

5 進步、快樂從何而來？

一九八四年七月二十九日，
大師甫從美國回到本山，當晚集合全山大眾於東禪樓開示。

大師說：「在為人處事上，怎樣才會快樂、進步？」

一、要自省自責：凡是遇到不如意的人、不如意的事，或聽到不如意的話，這些外緣、外境，要三省吾身，要求自己，常常想到「我對不起你！我不會講話，我事情沒有做好」；要覺得自己的忍耐、慈悲、發心不夠，對不起常住、對不起佛教。如果肯這樣自省，會得到快樂，會進步。但反觀我們遇到逆境，都是先責備別人，而不懂得要求自己；等於一個人生命的腳步，停滯在灰色的原處，既沒有歡喜，也無法增長自我。

二、要自立自強：常聽人說「他不幫忙，我怎麼有辦法？」或是「我人手不夠」等，這是呆板的人說的話。有辦法的人能自立自強，會覺得「捨我其誰」。我辛苦一點，發心做事，不要存有想依靠別人的心，自己就有力量了。

佛陀不是指示我們「自依止，法依止，莫異依止」嗎？因此，一切要靠自己的信心來建立。

三、要自尊自信：尊重自己、相信自己，希望大家敢說敢做，不要做啞羊僧（像一隻不會叫的羊）。凡事要有看法、意見，要相信自己有成佛的性能。

四、要自教自悟：應該要有自己教自己，自己求自己的覺悟，凡事反求諸己，容易進步。今日最好的教育是自己教育自己，想依靠別人來教我們是很難的。受教很不容易，自我教育更難。別人教，效果有限；自己教，成效很高。因此，自己要用心學習，擴展心志，才能得到進步與快樂，進而受到別人的肯定。

有辦法的人能自立自強，
會覺得「捨我其誰」。
我辛苦一點發心做事，
不要存有想依靠別人的心，
自己就有力量了。
佛陀不是指示我們
「自依止，法依止，莫異依止」嗎？
因此，一切要靠自己的信心來建立。

6 對恭喜發財的看法

一九八五年一月二十一日，適逢農曆大年初一，高雄普賢寺及旗山念佛會、善化慧慈寺、台南福國寺等，近千位蓮友回山參加朝山修持。回向圓滿後，大師於大雄寶殿為蓮友開示「佛教對『恭喜發財』的看法」。

大師首先提到：「什麼是真正的歡喜？」接著舉例說明：

一、從健康中生出歡喜：世人普遍的願望是「福祿壽喜財」，如果不健康，則難生歡喜。

二、從施捨中生出歡喜：世俗社會的歡喜都是從貪欲來，會有後遺症，容易患得患失，不是真歡喜。唯有學佛，懂得結緣布施，才能獲得真正的歡喜。

三、從平安中生出歡喜：一個人有了財富、地位，如果沒有平安也很難有歡喜。祈願三寶加持，藉著朝山禮佛，讓大家獲得平安、光明。

四、從法樂中生出歡喜：世俗的享受——吃、住、玩樂等，不能獲得永恆的歡喜。唯有從拜佛、念佛、誦經、參禪中得到法樂，才是真歡喜。

五、從順利中生出歡喜：做人處事，無論在何處，都能以歡喜心與人結緣，就能獲得真正的甘露法喜。

大師又提到「我們要發什麼財富？」比方說：

一、信心的財富：所謂信心門內有無盡的寶藏。換言之，有了信仰就有目標、力量，有了信仰則無事不辦、無事不成。

二、智慧的財富：《金剛經》說，法供養勝過三千大千世界的七寶供養。所以，有智慧就有方法、計畫，能成就大事。

三、正見的財富：八正道的第一條就是「正見」；所謂「正見」，具體來說，就是光明正確的人生觀。人生道上有了正見，好比航海有了指南針，容易到達平安的港灣。

四、知足的財富：學佛的人，要能獲得最大的受用，就是要懂得知足感恩。

五、功德的財富：平時大家發心做功德，這就是一種心靈的財富。佛門有一首偈子說：「三寶門中福好修，一文施捨萬文收；不信但看梁武帝，曾施一笠管山河。」除了內心得到當下的法喜，還可以感招實質的福田妙果。

最後，大師祝福蓮友，在這新年的開始，願人人能勇猛精進，早成佛道。

7 願不虛發，有願必成

一九八五年十二月十七日，大師親臨台北女子佛學院，為甫自妙通寺受戒回來的徒眾開示。

大師以「受戒後怎麼辦」及「學佛五十年計畫」為題如是說：

一、肯定自己：受戒後，要更加肯定自己學佛的立場。有了自我肯定，才有向上奮進的力量。

二、發心：發心並不是一句口號，而是一種修行、實踐。同學應該發心在公務上，不辭辛苦，勤勞為眾服務；在課業上，發心如期交作業、計畫讀幾部經典、寫一本好書；在人我上，發心不和人吵架、不生氣、不比較、不計較；在威儀方面，發心只要出了房門便衣冠整齊，和人談話輕語慢言，尊重老師、同學。有了發心，就有力量；有了力量，則無事不辦。

三、立願：諸佛菩薩的成就，都由願力而成，如發願做布教師、做老師、做菩薩等。現代年輕學佛者，應該要發願做個苦行者，任勞任怨，佛教的功德，需要透過苦行才能獲得，人生沒有坐享其成，不勞而獲。像我自己誓願生生世世做和尚，做一個佛弟子，從事「自利利他，自覺覺他」的利生事業。因此，你們也要發願為眾生做橋梁、做一條道路給人過，相信願不虛發，有願必成。

四、威儀：「誠於中，行於外」，出家人對於佛門的三千威儀、八萬細行——行如風、坐如鐘、立如松、臥如弓，一言一行，要具備、養成起來，要有從容優雅的氣度，才不失佛門弟子的風範。

8 改，進步第一關

一九八六年六月九日至十三日，中國佛教研究院專修部、台北女子佛學院、彰化福山佛學院應屆畢業生舉行畢業聯合參訪活動。大師帶領百位同學參學，一路應機開示法要。

大師以「進步的關鍵點」為題，為同學們未來的前途慈悲指導：

一、要「改」：改，是進步的第一要訣；要進步，一定要改。改變自己就是改缺點、改性格、改習氣、改方法、改心念，唯有不斷地改造，不斷地更新，才有進步的力量。但唯有大智、大勇的人才容易改，愚癡的人是不容易改的。因此，要想進步，首先要找出自己的缺點，再不斷地檢討、不斷地修正。

二、要「受」：一個人要能受教、受命、受苦、受責備、受規勸、受冤枉、受利用等。今人就是因為不能接受，才不容易進步；接受種種考驗，是不能打折扣的。就像盆景要有美好的姿態，一定要有鐵絲捆綁雕塑，才能完美；人也是要受約束、受困苦、受艱難，這些因素都是在幫助你更成長、更美好。

所以，你能接受多少，未來的成就就有多少。

三、要「敢」：要有膽量，敢做敢當就能有所作為；要想進步的人，沒有什麼不敢承擔的。要想學佛、要想成佛，都要敢；那麼，世間上為眾生做牛做馬的事，還有什麼不敢的呢？例如要能敢寫、敢說、敢當、敢做、敢擔待，都能成就一個人的勇敢堅強。一般人剛開始都是不敢，只要經過訓練，凡事都能「知難行易」，不要老是說我不會、我不敢、我不能，這些都是進步的絆腳石。

四、要「思」：思就是慎思，思想要進步就要有深思，要剖心、用心、細心，經過一番的思考，心中已有方寸，凡事就能把握。

五、要「和」：在團體中成長，想要有未來，要「和」。和是和眾、和氣、和平。僧團就是六和為淨，上下相和；和上才能受到提拔，和下才能得到護持；提拔得上升，護持得人心，前途必然光明又和平。

六、要「忠」：要忠於人、忠於事、忠於心、忠於佛教……若不盡忠，不忠於自己的立場、不忠於自己的責任，連自我的價值觀都沒有，又如何能有前途？

七、要「勞」：就是要發心、要勞苦、要勞力，所有事務都要靠自己，用心力、艱苦、困難、勤勞去完成；先要有這樣的承擔，然後有集體創作的扎實內涵。一個偉大的人，是比別人更多的發心、更多的付出，以及更多的時間心力，去莊嚴成就弘法事業的。

八、要「忍」：要忍苦、忍耐、忍飢、忍寒、忍氣、忍怨；一個人不能忍，是不能成功的。

9 如何利用時間修持

一九八八年四月十七日，
大師應屏東信徒熱切的懇求，前往屏東布教所，開示學佛法要。

大師開示，身為一個佛教徒，應有「三種信念」：

一、要有信心：學佛的人首要具備的條件是信心。信心如財富，要善加珍藏，不讓它被偷；信心如幼苗，要經常灌溉，不使它乾枯。不要因別人一句閒言閒語就生氣、懊惱，讓魔王趁虛而入；不要讓六塵外境盤據心靈，破壞我們的信心。「信為道源功德母，長養一切諸善根」，學佛者最重要的是要維護自己的信心；好比一個人攀越高山峻嶺，路途再怎麼苦，再怎麼累，只要信心具足，終能到達目標。

二、要有忍辱心、忍耐力：今日大家有緣認識了佛法，選擇佛教做為信仰，皈投到佛陀的座下。一位佛教徒美德的表現，要靠忍辱的心及忍耐的力。別人講了一些我不喜歡聽的言語，忍耐一下就過去了。有了忍辱心、忍耐力，我們的內心就會產生無比的力量，如此便能承當世間的重擔，人生就會獲得和諧美滿。

三、要福慧共修：講好聽的話，助人、念佛、修行等都是修福；除了這些，一位佛教徒更要勤於聽經聞法，以開啟智慧，達到福慧具足。

有信徒提問：「我實在沒有空，哪有時間念佛、拜佛修行呢？」

大師開示了「如何利用時間修持」：

一、一分鐘修持法：早晨起來，在佛前上三炷香、一杯供茶、一個問訊。雖只有短短一分鐘，若能持之以恆，日子久了，功德也是相當殊勝的。

二、三分鐘修持法：於佛前上三炷香、一杯供茶、禮佛三拜。

三、五分鐘修持法：早上起來或晚上睡前，在床鋪、地板、沙發上打坐，以增進健康，啟迪智慧。若不會打坐，可念佛、觀想佛的光明。或修一口氣十念法門，把身心安住於觀世音菩薩、阿彌陀佛的聖號中。

四、十分鐘修持法：早上誦一部《普門品》，晚上誦持一部《阿彌陀經》。

五、十五分鐘修持法：慢慢地禮佛十二拜。可禮拜三寶：「南無（皈依）十方盡虛空界一切諸佛、南無（皈依）十方盡虛空界一切尊法、南無（皈依）十方盡虛空界一切賢聖僧」。或一拜「本師釋迦牟尼佛」、一拜「阿彌陀佛」、一拜「觀世音菩薩」，禮拜諸佛菩薩後，再拜龍天護法。

六、三十分鐘修持法：慢慢禮佛二十四拜，也可打坐、也可念佛。

10 八正道的生活

一九八九年三月二日，大師與慈容法師、依松、依菴法師等人蒞臨北海道場，為台北女子佛學院同學開示「八正道的生活」。

大師說：

一、滿足：不論對生活、環境、人事，心中有了滿足，才會快樂。想想生活在這塊淨土上，有佛法、有老師、有同學相伴，怎能不滿足呢？

二、安住：把自己安住在佛法、讀書、慈悲、菩提心上，就不會為人我是非而起煩惱。

三、公平：不是叫別人要待我公平，而是自己的心要能公平。把思想安住在公平上，便不會憤世嫉俗，不會跟人計較；因為心「公平」了，就會「心甘情願」的「以吃虧為結緣」。

四、自在：不論睡覺、吃飯，與人相處，任何境界都能自在，才是正道。

五、進步：問問自己在學問、道德、威儀、寫筆記方面，進步了沒有？

六、法喜：不是因為有人讚美或發財了才高興，法喜是從念佛、拜佛、發心中感受到的喜悅。

七、合眾：不管別人對我好不好，都要能與大眾和合相處。

八、發心：寶藏原本就在自己的心裡，只是我們不知道；所以開發內心的寶藏，就是我們學佛人的正道。

會中，同學請示大師對出家弟子的期許。

大師說：「發心出家是一件令人歡喜的事，天龍八部都會來護持。我並不期待你們都能成為大法師，只希望大家謹記『我不還俗、我不溜單、我不辱師門』。對自己選擇的路要負責，對常住要忠貞，要有生死與共的觀念；就算是上了賊船，也要跟到底，這樣才能安住。」

最後，大師以「君子絕交，不出惡聲；忠臣去國，不潔其名」勉眾，寧可做一個庸庸碌碌的出家人，也不做一個破壞佛教的惡人。

11 人間生活的佛教

每年本山舉行的信徒大會，由於參加的人數太多，食宿上總有招待不周的地方。為了讓信眾能有更好的待遇，大師慈示，今年改為三梯次。一九八九年三月四日，第二梯次信徒香會在早上朝山後，大師於大雄寶殿為信眾開示。

大師說：「雖然已經分成三梯次，但每一場次人數還是很多，各位虔誠地為了佛法、平安、歡喜而來，如舍利弗答維摩詰居士：『我為法來，非為床座。』本山的宗風，是推行人間佛教。希望每個人能將佛法融合在日常生活中，能夠將普通的生活，提升得更幸福、美滿，這是我創建佛光山的精神、宗旨。」

大師又開示四點，說明「什麼是人間生活的佛教」。

第一、有物質的生活，也要有精神的生活：一般社會人士追求房子、財產等物質的生活，但除了有充裕的物質生活之外，在世間還要有精神的生活。什麼是精神的生活呢？比如家人彼此尊重，在精神上愉快、有信仰、開智慧等都是。

第二、有心外的生活，也要有心內的生活：所謂「心外的生活」，如到外面看電影、旅遊、尋友等。但人生不只心外的生活，最重要是要建設心內的生活。什麼是「心內的生活」呢？你心內有般若智慧，即使閉起眼睛，也能享受心內般若智慧的生活；你內心安住在忍耐的生活裡，念佛誦經時，內心也會得到安詳、自在、法喜、禪悅。因此，當我們的生活，有如《金剛經》云「應無所住，而生其心」時，內心便是安住在法喜禪悅之中。

第三、有群居的生活，也要有獨處的生活：所謂「群居的生活」，就是家族眷屬、朋友相處一起，或參加社團，大家在社會中彼此生活在一起，叫做「群居的生活」。當群居的生活不缺少時，也要有獨居的生活。什麼是「獨居的生活」？例如打坐五分鐘、靜修、念佛、閱讀等精進的生活，叫做「獨居的生活」。又如於一星期中有半天、一個月有兩日、一年中有半個月的時間，找一個地方做有計畫的靜修生活。

第四、有擁有的生活，也要有空無的生活：有金錢、物質等擁有的生活，更要有空無的生活。什麼是「空無的生活」？如虛空中所有的一切，都是我可以享有的，但也都不是我個人所擁有的。如何擁有虛空？如宰相肚裡能撐船；學佛的人，應有包容一切的胸懷。

12 要將心胸擴大起來

一九八九年十二月十一日，大師約見國際英文班同學，談論學習心得及未來抱負。有些同學有志於文教，有些同學有志於弘法等。大師分別依同學性向、專長，予以指導。

大師開示：

一、內向的人可從事策劃、寫作或學術研究，適才適性也是很好的出路。

二、剛出道者，儘管內心再怎麼不滿，也要涵養忍耐力，不可形之於色。

三、組織能力不好的人，可以從教導別人鍛鍊起。個人念書所獲也許有限，但教書動力較大，這就是所謂的「教學相長」。因為事先須努力構思如何教人，很多問題往往因此而豁然開朗、迎刃而解。

四、佛法與世間法不一、不異。佛陀曾說，他是真理的發現者，而不是真理的創造者。因此，不一定限於佛的聖言量才是真理，凡合乎三法印者，皆為佛法。

學佛者不應畫地自限，更不可執著事物的表相，要學習認識法身佛。所謂

「一切法皆是佛法」，佛法、世間法不可分隔；分隔了，就不是真正的佛法。我們弘揚佛法，也要符合時代的精神，心胸要開闊，眼界要寬廣，這樣才能說到「立願將佛法普遍於世間」。也唯有提倡人間佛教，佛法才能昌隆，五濁的世間，才有光明與希望。

五、語文不好不重要，但心中有沒有佛法很重要。「佛法」才是我們「學佛」與「弘法」的軸心；佛法的內涵要好，語文才能發揮功效。

六、除語文之外，其他成就也很重要。例如人際間，事物要協調，要學習從容、不激動。

七、要先建立大乘佛教的思想，培養大乘佛法的恢宏氣度。例如八宗綱要等，須詳加研究。

八、在殿堂服務，須注意化緣要化心；使來山者，真心歡喜布施種福田，而無絲毫勉強。

13 要像個出家人

一九九〇年七月十一日晚上七時，叢林學院男、女眾學部同學，齊聚本山麻竹園法輪堂，一起向大師接駕。

大師除了聽取學生們報告，在學業、道業上所遭遇的困難，給予解答開示，更以無問自說、自問自答的方式，以八個問題明示學佛之道。

一、速成好？耐煩好？　二、修行好？辦事好？

三、理想好？實踐好？　四、責己好？怨人好？

五、開放好？律己好？　六、接受好？排拒好？

七、短視好？前瞻好？　八、自私好？為公好？

大師說：「佛法無量義，只在一個『中道』，千萬不要偏於一方，偏了就不是佛法。」

最後，大師也希望大家都能像個出家人。所謂「像個出家人」，就是要具有慈悲、喜捨、勤勞、耐煩、有道、威儀、穩健、忠誠、發心等美德。

14 心病還須心藥醫

一九九一年八月二十四日大師不慎跌倒，導致大腿骨斷裂，經醫生評估，為預防裂痕加大，決定開刀。大師為安徒眾的心，二十九日晚上，忍著受傷的疼痛，在檀信樓大講堂，坐在輪椅上為全山四眾弟子開示。

大師說：「進手術房開刀是一種享受，很舒服。從八月二十六日開刀到現在沒有痛苦，只感到很溫馨。這次在台北榮民總醫院感受到了，榮總的醫生、護士們的友愛、歡笑、親切，沒有爭執，很客氣為人服務，令人感到很祥和、安心。」

大師示疾說法，進一步為徒眾們的身心把脈：「身體上的疾病沒關係，可以治療，時間就是最好的治療劑；但心理上、思想上、觀念上生病了，很可怕。我給佛光人的工作信條：『給人信心、給人歡喜、給人希望、給人方便。』但現在逐漸走樣，變成：『給人拒絕、給人傷心、給人麻煩、給人難堪。』」

為此，大師也指出徒眾的十種病：

一、脆弱：許多徒眾意志脆弱，連一句話、一件事、一點困難——都經不起。希望大家過去的脆弱，今天到佛光山來，必須改變自己——要愈來愈堅強。

二、膽小：一個人之所以沒有成就、進步、希望，皆因膽小、不敢承擔所致。成佛都可能，人間事又有什麼不能呢？天下無難事，只怕有心人——學佛者要具足膽大、心細的涵養。

三、自卑：在他人未判決我們之前，自己便先倒下來，這是因為自卑感作祟。偉大的佛陀是我們的導師，期望大家要自尊自重，克服自卑的毛病。

四、多疑：一個人對工作、前途沒有信心，就容易生起疑心，疑心就會生暗鬼，像狐狸就是多疑的動物；我們是佛弟子，遇事吃虧、上當沒關係，但是對常住、對三寶要深具信心。

五、誤會：有時候親眼所看、親耳所聽都不一定正確，我們待人處事要有智慧去判斷。

六、惡口：有的徒眾是「烏鴉嘴」、「鬥雞」的性格，這都會製造對立、煩惱；希望大家，口要多說好話，多說些真誠讚美的話、鼓勵的話，自己的內心也會歡喜。

七、虛浮：有的徒眾待人處事虛浮不實，希望大家做人做事要實在，「老實」是修行的第一步。

八、短見：有的徒眾沒有遠大的眼光，只看眼前一時的好壞，看不遠、看不廣，希望大家眼光格局要遠大。

九、妄語：有的徒眾常說不實之語，傷害和合的僧團。若愛護團體，要檢舉妄語，讓是非、謠言止於勇者、智者。希望大家要誠實，說真實語。

十、自私：有的徒眾個人主義，沒有常住、群體的觀念，自私自利，只求自己的方便。希望大家要學習公平，利和同均，要能先考慮到大眾的需求。

15 放開心懷

一九九一年十一月二十日下午三時，
大師於佛香講堂接受香港無線電視台專訪。

提問：「大師如何處理煩惱？」

大師說：「世上本無事，庸人自擾之。只要放開心懷，不執著，煩惱自然不生。」

提問：「做了傷天害理之事，有何後果？」

大師說：「害人即害己，每個人的業力種子，必然招感其果報。」

16 要學技能、學歡喜

一九九二年一月二十四日晚上七時，
大師為全山開示。

大師說：「大家在新舊年的交替時刻，對過去要做反省檢討，對未來要做規劃展望，這是每一個人在年底都必須要做的一件事。」

接著，大師以六點意見提供給大家：

一、自己學技能：有了技能，大家才能夠生存。例如，我會駕駛、做飯、做菜、電腦、插花、管理、書法、繪畫、建築、法器、音樂等。希望每個人能學會多項技能。

二、自己學歡喜：有歡喜心，才合乎佛法，才合乎做人的意義。一個人在世間上，一年一年地活下去，活得不歡喜，那有什麼意思？歡喜，是財富、是佛法，歡喜才能安住身心，才能成長，才有未來。

三、自己找資料：這是個資訊的時代，任何人都要學習蒐集資料。一年要留下多少歷史、多少資料？比如：讀書、看報、科技、研究等各種資料。因為有各種資料才有本錢。當然，資料最好是記在心中，若記不住，至少也要記在筆記本上。不會蒐集資料，不珍惜資料，懶於整理資料，將來要用沒得用，好可惜！

四、自己有力量：大家不是洋娃娃、小孩子。自己有多少力量呢？受苦時不怕，我有力量；困難時不怕，我有力量；受氣時，沒關係，我有力量；叫我辦事，沒關係，我有力量；哪個地方有困難，沒關係，我有力量。

人要有抵抗風吹雨打、人情冷暖、是是非非的力量；面對生老病死也要有力量；芸芸眾生都靠我們，更要有力量。若連自己都沒力量，怎麼辦？希望大家都要有力量。

五、自己講好話：學習講同學、同事、師長、朋友、常住、國家、佛教的好話。當初釋迦牟尼佛與彌勒佛同時修行，最後釋迦牟尼佛先成佛，就是因為至誠恭敬地讚揚燃燈佛。

六、自己忍難堪：不要求別人來忍讓、或來原諒自己，要自己能忍受挫折。愈是憤慨、受氣，愈要忍耐。常有人為一句話而難過、受不了，如何修道呢？人實在很可憐，一天中就為了人家的一句話，自己就七上八下；人家一個臉色，心就不能安穩。希望佛光山的大家都很有力量，一句話，打倒不了，要自問：我是何等人，來到此地，就只為一句話，一個臉色嗎？沒有什麼了不起，自己要有力量。

在一年的年關時節，檢討一下自己，展望一下自己：自己學技能、自己學歡喜、自己找資料、自己有力量、自己講好話、自己忍難堪，如此必定會有長進。

17 人間有鬼嗎？

一九九二年六月二十五日，大師在台北普門寺與信徒論鬼。

問：「人死之後到底是怎麼一回事？到底有沒有鬼？」

大師說：「當然有鬼，鬼有鬼道，就如同畜生也有畜生道一般。像雞鴨有雞鴨的世界，獅子居於山林，魚蝦安於水裡，飛鳥翱翔空中，各有各的世界，當然鬼也有鬼的世界。因此，鬼跟我們互不妨礙，也互不相干。其實我認為，陰間的鬼不可怕，反倒是人間的鬼最可怕，諸如吸菸的菸鬼、喝酒的酒鬼、賭錢的賭鬼，或是一些害人精，都比鬼可怕。

人有分好人、壞人，鬼也有好鬼、壞鬼，一般出來擾亂的鬼，當然都是壞鬼，好鬼有時候是會幫忙人的。總之，人往往心中生暗鬼，叫疑心鬼，能把這許多心中的鬼去除，日子會比較好過。」

18 自覺增加力量

一九九二年十月十三日晚上，
大師於檀信樓為全山大眾開示。

提出「自覺」十點，大師勉勵大眾要以「自覺」來增加自己的力量：

一、不覺壓力：一顆充足了氣的球，不打是跳不起來的；與其做洩氣的球，不如做一顆充滿了氣的球。所以，做人要向自我挑戰，適度的壓力能增進奮鬥心與責任感。

二、不覺危險：何處安全？何處危險？是很難下定論的。我這次從美國飛往巴西弘法途中，飛機油箱出了問題，機上旅客人心惶惶，而我感覺，真好呀！可以利用這些時間好好休息。

三、不覺困難：拿破崙說他的字典裡無「難」字。成佛都不困難了，哪有難事可言。只要發心，無事不成。

四、不覺忙碌：每天雖在忙碌之中度過，但人忙心不忙，忙中能處變不驚，心中淡定、安詳。

五、不覺是非：有的人為了一句話，可以吃不下飯；為了一件事，覺也睡不著，心裡不能轉變環境，反而製造許多是非，徒增煩惱。人要能不輕易相信是非，不為是非所動。

六、不覺寒熱：古德所云：「寒時至寒處，熱時至熱處。」人要有佛法，以佛法來處理境界的冷暖、順逆。

七、不覺榮耀：這次海外弘法到處受人尊崇讚歎，在我心中不覺得有何榮耀。別人對自己的恭敬、供養，要生起正念，要感覺自己是任重道遠。

八、不覺委屈：例如坐公車，眾人皆有座位，唯獨自己需要用站的，此時不要覺得委屈，空間如此之大，能有一容身之處就很感謝了。

九、不覺時差：這次海外弘法歷經幾個國家，有時時差達數十小時，但我並不覺得有不能適應之處。心要能調適，就能隨遇而安、隨境自在。

十、不覺遠近：我長年於海外弘法，不覺有遠近之分，也不覺得有時間、空間的限制。

大師並以五個藥方為大眾把脈療治：

一、不要光看自己，要看世界。

二、不要光看自己，要看佛教。

三、不要光看自己，要看常住。

四、不要光看現在，要看未來。

五、不要光看個人，要看大眾。

最後大師勉勵大家，要以世界觀、國際觀、人間觀來弘揚佛法。

19 傾聽抱怨也是修行

一九九三年一月十二日，有位徒眾來向大師報告，自己擔任知客，每天面對人來人往，要聽很多人訴苦，實在是件痛苦的差事。

請示大師：「信眾訴說的事情，有很多需要經驗豐富、年高德劭的人才會了解，我自己年輕入道，人生閱歷有限，這該怎麼辦呢？」

大師開示說：「禪門的祖師，一向以尋師訪友來切磋交流，以雲遊四海來參學求道，無非藉著四處遊歷，來增廣見聞。現在人家主動來講給你聽，你應該要高興才對，而且要打從心裡歡喜接受。你覺得有道理的，一句話會受益無窮；沒有道理的，也能培養你的耐煩、忍耐。換一個角度想，你每天這麼忙碌，信徒來說話給你聽，你剛好藉此機會休息，豈不是一種享受呢？」

大師接著又說：「修行路途中，我們一定要用具體的實踐來讓自己成長。過程雖然有困難、困境，也正因為這些難關，才能豐富、成就一生的道業、喜悅。」這位擔任知客的徒眾，聽完大師的開示後，深感受用，當下心開意解，歡喜的回到工作崗位，繼續為大眾服務。

20 放下，重獲新生

一九九三年一月十三日，
嘉義一位務農的李居士，來向大師請求安心。

李先生懊悔地說：「我存在銀行裡的三百萬元被人詐騙，畢生積蓄一下子沒了，實在是悲憤難平。我為什麼這麼愚癡，會被人家騙呢？當然也是因為我貪心，想從別人那裡討到便宜。可是，我現在能怎麼辦呢？」

大師開示說：「唯有放下。」李先生一聽，眼眶馬上紅了。

大師接著又說：「你不放下，你就每天生活在被別人欺騙的痛苦裡，你只有心想：算了，一定是上輩子在錢財上虧欠了他，現在還給他了。你能這樣看得開、放得下，讓一切重新來過，學習不執著，一切痛苦就會消除。未來的歲月時光還很長，幸好你還有工作能力，生活還能維持，沒有必要把自己深陷在愁雲慘霧的痛苦深淵裡。這或許是自己的福德因緣不夠，欠人家的當然要還。看得開、放得下，人生才能活得解脫自在啊！」

這位李居士在大師的智慧法語開示下，找到了安心之門，終於放下心頭重擔，願意重新開始努力；也明白了一時貪心所帶來的禍端，算是上了人生的一課。

21 教導大眾修行之方

一九九三年二月二十六日，
大師應花蓮縣政府禮請，在瑞穗國中體育館作一場講座。

大師以「六根的修行」為題，教導大眾眼、耳、鼻、舌、身、心的修行之方。

眼根的修行：以佛眼觀世間，人人都是佛。

耳根的修行：善聽、諦聽、兼聽、客觀地聽、忘我地聽，把世間上一切語言往好處聽。

鼻根的修行：從淡處了解人生真味。

舌根的修行：說安慰人的話、隱惡揚善的話、慈愛的話、佛法真理的話、尊重人的話、教育提攜的話，要用口來宣揚人生真理。

身根的修行：在世間要能為人服務。笑容、掌聲、威儀，也都是良好的身教，為善為惡一念之間，不可不慎。

心根的修行：轉愚癡為智慧，轉慳貪為喜捨，轉懈怠為積極，轉殘忍為慈悲。心念一轉，轉迷為悟，轉邪為正，領導其他五根，則無事不辦。心中有佛則所見、所聽、所嗅、所嘗、所觸皆佛事。有包容的心胸，那麼世間都是我們可以奉獻的。

22 把心找回來

一九九三年四月四日，大師應邀前往洛杉磯華僑文教第二服務中心進行專題演講。

這是南加州華僑社團推行倫理道德社教運動大會的活動之一，大師並應邀擔任此次僑社活動大會的榮譽主席。

大師以「把心找回來」為題，把人的身體比作是一個村莊：「眼、耳、鼻、舌、身、意為六個單位，雖然六個單位的功能都很強，但真正的心卻不容易找到。而『心』能主宰其他五個單位的活動，『心』能安住，『身』才能安寧，所以我們要『把心找回來』。」

大師說：「真心具足慈悲、智慧，『心』也像是工廠，壞的工廠生產壞產品、會冒黑煙；好的工廠不但沒有黑煙，產品又好。找『心』必須靠自己，要找倫理的心、孝順的心、慈悲的心、感恩的心、懺悔的心，還有忍耐的心。找到這些『心』，就是幸福快樂的來源。」

23 人生之道——心甘情願

一九九三年十一月二十日，大師應財團法人趙廷箴文教基金會和《中央日報》之邀，出席中央日報大樓作關懷社會系列演講。

大師以「心甘情願」為題，闡釋人生真諦：

「人對自己、國家、朋友、社會，要不忘初心、做不請之友、不念舊惡、不變隨緣。以豁達無執的心，隨緣隨喜生活在人世間，才能不被世情所苦惱。要有：以退為進、以空為樂、以無為有、以眾為我的人生觀。捨棄『我相』，回頭看看另外半個一向被忽視的世界，以『享有』超越『擁有』，不為物累，成就真正的大我。」

大師並以佛光山工作信條，「給人信心、給人歡喜、給人希望、給人方便」送給大眾，**希望人人在讀書、做事，遇到苦難折磨時，能自省：「這是自己『心甘情願』的！」如此才能平心靜氣，安度人生難關。**

大師語重心長表示：「『要做佛門龍象，先作眾生馬牛』，人生的得失苦樂，往往相輔相成，互為其根本，能參透這一層因果關係，那麼眾人覺得苦的，自己甘之；人棄我取，人欲我去，種種作為，都是心甘情願，如此就能化苦海為樂土，成就大事業、大功德。」

24 忙人無妄想

一九九四年三月三日下午，
大師結束本山如來殿會客行程。

一位林姓員工見到大師很歡喜，上前向大師問訊，把握難得的因緣請教。

他問：「大師您行程那麼忙碌，難道不會有壓力嗎？」

大師說：「不會啊！就像我現在跟你談話，如在禪坐、在睡覺一樣。」

再問：「這種境界要怎麼做到？」

大師說：「這需要時間慢慢培養，要有心甘情願的想法。生活中，不是忙就是閒，有的人以忙為樂，因為從忙碌工作中可以獲得學習、成長的機會。忙，可以充實生活，可以讓身心有所寄託；從工作中可以獲得成就感，可以自我肯定，可以培養信心。更重要的是『忙人無妄想』——沒有妄想，身心自然輕安，自然感覺快樂無比。所以，以忙為樂，則不覺苦；以忙為樂，則不懶散；以忙為樂，自然忙得心甘情願。」

又問：「您每天的行程都排得這麼滿嗎？」

大師說：「我每天早上醒來，從睜開眼睛開始，時間就不是我自己的了，因為『忙』，已經成為我的習慣。我的人生觀是『人生三百歲』，假如我能活到八十歲的話：從二十歲開始工作，可以工作六十年；我沒有禮拜天、沒有過年，幾乎每天的工作時間都在十六個小時以上，而且工作也很快速。

過去年輕，我還可以耳朵在聽、眼睛在看、手邊寫，嘴還能告訴別人要做什麼，我是六根同時在互用。如果以我這一生，每天一個人做五個人的工作，工作六十年，我就能夠做三百年的工作。所謂『人生三百歲』，就是這樣來的，並不是真的能活到三百歲。」

林姓員工聽了大師一番話，表示：「我也要學習大師的三百歲人生，讓我的生命活得更加充實。」

25 自我覺悟的教育

一九九四年三月十日，信徒請法。

一位旅居德國十五年的台灣信徒林小姐，來山禮佛，特地向大師請法。

他問大師：「我們都知道，『學習』是人生的養分，一個人應該如何保持恆長心的學習動力呢？」

大師回答：「孔老夫子說：『學而時習之，不亦樂乎！』人從出生開始，就自然而然的學習吃飯、學習走路、學習說話，在不斷的學習中成長，甚至學會保護自己，懂得尋求安全、尋找舒適的環境。長大後，由於學習各種專業，與不同性格的人相處，慢慢學到在社會生存的技能，並因為這些技能而受到他人尊重。」

大師接著說：「在我認為，學習是有層次的。如果老是要讓別人來指導你、教你，這是次等的學習；能有孔老夫子『學而時習之』的態度，學習的層次就能提高一等。在佛教裡面，學習是靠『自覺』的，所以佛陀就是自覺、覺他、覺行圓滿的人生，這是最高層次的學習。」

大師進一步說：「別人教你、要求你的，你未必契合，未必能服氣。因此，凡事應該提高自己的警覺、悟性，時常反省、思忖——如何做個受歡迎的人？甚至如何成為好人、聖人？如何向善、向大、向高、向遠？如何超越自我的極限、超脫世俗的煩惱？一個人如果能有覺悟的學習，一定會有長足的進步。」

林小姐聽聞大師一席話，覺得十分受用，表示今日有幸受教，未來更加朝向佛法的智慧，來學習如何以慧心、慧行來生活。

26
心要能轉境

一九九四年三月十一日，
一位菲律賓的鄒姓信徒回山拜訪大師。

鄒先生向大師請教：「《六祖壇經》中惠能大師曾經開示『心迷法華轉，心悟轉法華』，我們一般人應如何轉迷為悟呢？」

大師說：「在這個世界裡，人類與萬物、內心和外在，可以說是兩個世界。一個人要想學好，好的可以把壞的翻轉；若是學壞，壞的也能把好的驅逐。好、壞，各有因果。」

大師又說：「當然，這個世間是善良的、光明的、平等的，增上的、正面的一半比較多，希望每一個人都能成聖成賢，人人都成為好人。若想要把人做好，必須心能轉境，所謂：轉迷為悟、轉癡為慧、轉暗為明、轉邪為正；若是心被境所轉，反被邪惡、黑暗所控制，那麼人生可能就此一蹶不振，變得淒慘、悲哀了。因此惠能大師才慈悲教示我們：要心能轉境，不可為境所轉。」

鄒先生聽聞大師開示後滿心歡喜，覺得疑團得解，是此行回山最大的收穫。

27 「開心」的體驗

一九九五年七月二十六日，
大師在開完心臟手術三個月後，回到洛杉磯西來寺。

大師為大眾開示「開心」的體驗說：

一、善養平常心：開刀的整個過程中，我一直都非常平靜自在。所謂「色身交予常住三寶，性命付予護法龍天」，我的身體早已不是我的了，這一切自有安排。因此，我對醫生們說，我的身體交給醫院，性命託付給各位醫生。我沒有掛念，懷著一顆平常心，接受開心手術。這得力於平時善養一顆平常心，隨緣隨分、凡事放下、不憂不懼。

二、為眾生開心：醫生為我開的是肉團心，而我也為醫生們打開了：信心、歡喜心、慈悲心。

三、我想要「回家」：人生最幸福的事，莫過於能回歸到「來處」。如果有國不能回，有家不能歸，人生何其悲慘！所以，要珍惜有「回去」的地方。

四、涵養「不知道」：知道太多是煩惱痛苦的來源，因此，要學習：「不應說的不說，不應看的不看，不當聽的不聽」——有些時候，「不知道」的人生很美妙。

五、關注於「活動」：水因流「動」，所以水很清澈；風在吹「動」，所以空氣很新鮮；人要生存，就要「活動」；要「動」用腦力，才有思想活水。我們倡導人間佛教，要「動員」念佛、拜佛、弘法利生，讓佛教「動」起來，讓法輪轉「動」起來。

六、作眾生的依靠：開刀後醒來，聽到護理人員悉心慰問的聲音，頓覺心中有了依靠。希望我出家弟子也能作眾生的依靠，去除眾生的不安恐懼。多少苦難的人，就等著我們一句關懷，學佛的人不可慳吝，不要吝惜於布施一點慈悲。

七、有氣就有「力」：開刀前，醫生訓練我用腹部呼吸，拿了儀器給我練習吹氣。其實我從小出家，就訓練自己要能一口氣把《般若心經》、《大悲咒》

念完，積久「力」生。有氣就有「力」，沒有「力」氣，氣若游絲，這個人就靠不住了。

學佛的人多誦經、多念佛，可以增加自己的氣力，對健康有很大的助益。

八、忍辱：一般人爬坡時，愈爬愈覺氣不足，但我住院做爬坡測驗時，爬愈高氣氣愈多，連醫護人員都認為我有特異功能。其實是自己一向有逆來順受，愈挫愈勇的忍辱波羅蜜。「忍」是生命的力量，有了這股力量，別人的傷害、責備、毀謗、打擊，都沒有什麼了不起。修行人要能成就：生忍、法忍、無生法忍。

28 為眾把脈

一九九五年七月二十八日，
大師於法堂集合西來寺全體大眾開示。

大師為大眾把脈，提出自我內在、精神思想的毛病，藉此點撥，希望大家能夠反觀自省。

大師說：

一、不清楚（愚癡）：對自己及做人處事不清楚，不知何去何從，對常住宗風及傳承歷史不清楚，繼而對佛教也不清楚；這些都不清楚，將來如何清楚佛菩薩的世界？所以心眼要清楚，才能自覺自悟。

二、不會算（糊塗）：充滿妄想及空想，只會糊塗地計較，為一件微不足道的事、一句話而離開佛門，實在可惜。為何不知珍惜自己，不知自己擁有歷史，不會為自己未來的功德及成就算一算，如何有成就？要清楚知道自己在時空的定位，而不要糊塗地比較、計較。

三、不合作（自私）：若要佛法興，除非僧讚僧。佛光山注重集體創作，但是大家團隊精神不夠，部分的人存有自掃門前雪的心態，因此對常住愈來愈離心。所以，必須要求自己如何真心與別人團結、合作、配合。人可以輸掉一切，但不值得因人事而輸掉自己的法身慧命。

四、不上進（懈怠）：因為有「過客」的心態，雖在其位，每天混日子、不主動、不用心、虛應、馬虎，久而久之，對常住沒有歸屬感。人一旦不知上進，就不會用功，久而久之就會被社會淘汰。我們要認知的一件事，就是因為「人生是過客」，所以誰能知道把握每一個「當下」，你就會完成許多貢獻，首先要樹立自我形象，讓別人來肯定，這在團體中很重要。

在佛門中對自我的功德成就，要會算一算；一個農夫不播種如何收成？商業不投資，如何賺錢？懈怠不知上進，如何有成就？所以學佛首先要「清楚不糊塗，合作不懈怠」。

現代社會，出家已蔚為風氣，男生要出家，女生也要出家，但在佛光山出家是允許徒眾向父母報恩，盡人倫孝道。

29 以中道來應世

一九九五年十二月十八日，有位徒眾來求見大師。

問：「對『中道』的意義，一直不得其門而入。」

大師說：「中道很容易懂，但不容易做到。比如，世間上的『對待』都是很強烈的，善惡、高低、愛憎、是非、對錯，這些都是對立的。如果以做人來講，你太惡，當然人家不歡喜；你太善，人家也不知是真是假，未必要跟你往來。你是壞人，人家批評；你是好人，人家嫉妒；你太貧窮，人家看不起；你太富有，人家就眼紅。所以，無論太好或太壞，都很難和諧；唯有中道，才讓人比較容易接受。」

大師接著說明：「所謂的『中道』，就等於是我們的心，每個人的心裡面有善念、惡念；有好心、壞心。一個學佛的人，當然要去惡向善、去壞向好，這是必然的。但是在行事風格上，你什麼都好，會讓人感覺高攀不上。個人的修養，可以盡善盡美，但是在人間行事上，要能平凡一點、厚道一點。所謂的厚道一點：指的就是對太惡的事，當然要遠離；個人的善事，也不要太過張揚，含蓄一點，做到中道，就能讓人接受。

做人若太過冷淡，冷冰冰的，沒有人想與你親近；你太熱情，熱烘烘的，人家也受不了。所以在內修上，我們可以更高、更上；但是在外緣上，能以中道來應世，是一種圓融處世，方便智慧的表現。」

30 找到自己的出路

一九九六年一月十六日下午，大師乘車繞山巡視各單位。

大師在普賢殿旁的農場，看到叢林學院的學生正在出坡，有的撿柴、有的拔草、有的整理菜園、有的培育花苗……正是清貧的叢林風光。

大師想起禪門的稽山禪師曾任柴頭、灌溪禪師曾任園頭、雪峰禪師曾任飯頭、義懷禪師曾任淨頭……於是就地坐在菜園旁的一塊石頭上，和出坡的學生們小參。

大師說：「我在童年時，就常會『想』，想我這一生將來要做什麼？農夫？工匠？這非我所願；想當學者、大人物，又攀不上。**在有限的人生歲月裡，凡事不容我們慢慢來，所以要努力找到自己的出路**。我就是因為會去想，找到出家的路，所以才能為信眾創建佛光山，為佛教奉獻一己之力。」

大師又說：「希望大家對自己未來生命的價值，要有一番考量，如何確定自己的方向和目標？需要好好規劃，仔細想一想，未來的方向是什麼？不要懵懵懂懂、得過且過。」

31 發心就不會有低潮

一九九六年五月一日，
大師於美國洛杉磯西來寺，主持徒眾講習會。

講習會以十一個題目為主，分別為弘法、文教、法會、修持、人事、金錢、醫療、佛光會、希望、探討研究、建議。大師詳解問題外，並開示勉勵大眾：

一、上等教育家，教人如何做人；中等教育家，教人如何做事、求知識；下等教育家，教什麼都不成功。受上等教育者，禁得起犍槌；受中等教育者，禁得起打罵；受下等教育者，臉色不對，就鬧情緒了。

二、發心就不會有低潮。在人生重要的時刻：敢，非常重要；敢，就是大勇猛、大精進，為善不落人後。

三、僧情要比俗情濃，出家眾彼此間道情法愛，相互鼓勵及度眾的慈悲，不是一般俗情可以比擬的。

四、化緣要化「少」不化「多」，化心比化緣重要，隨喜就是佛法，要儲財於信徒。

五、修行要能無障礙，則須放下、不執著、不計較、檢查自己的心、廣結善緣、改心換性、轉身回頭。

六、如何不被汙染？培養正知正見、不忘初心。

七、理想的出家眾，師兄弟間要能互相添油香，彼此勉勵。

八、住持當家的條件：對內對外能應對、安眾、善於企劃、有供養心、忍辱能幹、有提拔人才的雅量。

32 人生重在規劃

一九九六年五月二十六日，大師出席主持南投靈巖山寺的傳戒，在緊湊的行程中特地繞道至彰化福山寺，關心福山學部同學學習情況。

大師以花為喻，談到牡丹高貴豔麗、蘭花蕙質蘭心，而修道生活就如同生於幽谷的蘭花，清淨淡泊。花之所以吸引人，不在其外貌，乃端看其生命力的強與弱。菊花的勁拔強韌，梅花的不畏風雪，都在其具有不屈不撓的生命力，能活出自我。

「人生重在規劃，要使自己的人生豐富精采，就要好好地規劃未來。玫瑰的人生雖美，卻短暫不實。因此，人除了漂亮外，還要把尊嚴、性格活出來，培養好的風儀、氣質、人緣。要為快樂歡喜而活，懂得自己，發揮自己的光明面。」大師如是勉勵同學。

至於快樂的泉源哪裡找？大師說：「就是要『知道放下，懂得自在』，快樂是出自內心，而非金錢所能替代。可以請教大職事，他們沒有人我是非之苦，不因旁人一句話而苦惱，在於心中有法財、有大眾。出家要心繫著大眾、常住、佛教，不能大愛不生，小愛不給。**一個能夠承擔的人，要能主動勤快、事理分明、不鬧情緒**。會在佛門中流失，問題都是出在自己。」

33 不計較的處世哲學

一九九七年一月十六日上午，大師巡視宜蘭礁溪林美山的佛光大學校地。

此時，負責工程的黑石公司把林園式的校區整理出一個雛型，大師期許集百萬信眾出錢出力的學校，將來能為佛教造就優秀人才。

晚間，大師法駕法寶寺與徒眾們接心，開示「不比較的人生哲學」。

大師說：「別人對我們好不好並不重要，今日的不好，只要我們懂得改正自己，別人對我們的指正或是委屈，都能讓我們培養開闊的心胸。」

大師又說：「學習不比較、不計較，任勞任怨，承擔委屈、冤枉，只要能顧全大局，自然可以養成大將風範。」

34 三碗飯菜的供養

一九九七年十二月二十六日，叢林學院飯後跑香時間，大師到檀信樓齋堂過二堂。

行堂同學因意外地與大師共進午餐，雀躍萬分，其他同學在跑香後紛紛聞訊而來。

大師說：

一、要回味感動：一個人要將感動的緣由找出來，放在心中品味，感動就能恆久。

二、要觀照實相：看待事物，不能只靠眼睛、耳朵等外在的器官，須以智慧觀照，用心思惟，才容易見到實相。

三、要不忘初心：現代的新新人類心性善變，很容易一遇挫折就退縮改變初衷，所以要為自己的承諾負責，要不忘初心。

大師說：「我歡喜吃的就是這樣：一碗飯、一碗菜、一碗湯，這裡面含藏了數萬顆虔誠的供養心，不只是一、二個人而已。由於集合這麼多心意，吃起來自然充滿感謝，飯菜當然特別好滋味了！」

35 人生要有踏實的規劃

一九九七年十二月二十七日，大師於東禪樓為甫從海外遊學回本山的勝鬘書院同學開示。

大師說：

一、規劃人生：每個人對自己的前途，首先要重視立定目標方向，以佛教的語言來講，就是「發心立願」，這對人生才有踏實的規劃。

二、自我認識：人，要能提升自我，最重要的是要了解自己、認清自己，繼而能打破舊思維，邁向新生的自我。

三、感動的世界：佛教是三根普被的，什麼人都有資格信仰、學習佛法，重要的是找出能觸碰到內心深處的正能量，當下容易契入佛性，因為佛法就是「感動的世界」。

四、有佛法就有辦法：佛法講自在、解脫、超越、昇華，能跳出慣常的思維模式，與佛法的「利益眾生」為前提，凡事比較容易找到解決的方法。

五、開發佛心靠自己：生存在人間，自己下決定，就要對自己負責。「自依止，法依止，莫異依止」，發心承擔責任的人生，會走得更愉快，不要一開始在心理上就想著依靠什麼人。

大師也期勉勝鬘同學，結業後，不管回到任何一個角落，都要能：

一、不要失去自己的慈悲，不要失去自己的因緣。

二、不忘記佛法。

此次大家「為求真理登淨域，為學佛法入寶山」，要帶法寶（智慧、觀念）回去，也要比世間人更超脫些。人生的抉擇必須自己去決定，心甘情願是非常重要的，決定了就必須負責；因為能負責，養成人格的獨立，受益無窮。

36 人生的預言書自己填

一九九八年五月十七日，
大師至叢林學院女眾學部，隨緣和同學「師徒時間」。

大師勉勵同學：

一、世間煩惱的苦，都是從比較、計較中而來。學佛要學到不比較、不計較，才會有法喜。

二、在團體中，凡事要參與。有參與，自然會有快樂和歸屬感。

三、學生批評老師是「應該」的，但不是在人格上的評論，而是在教學上的建議。學習，就要有問難的精神。

四、所謂「自律」，是明明很想棄甲而逃，卻能控制情緒；在心虛情怯時，臉上仍然保持笑容；面臨放棄的抉擇時，卻能苦撐到底。

五、人生，如同一張紙，由個人自行填寫預言書。預期自己身體健康、道業有成、人際關係良好、廣度眾生、給人歡喜。

37 因為難，才接受挑戰！

一九九八年七月二十三日，大師預備從日本大阪關西機場，搭乘日亞航班返回台北。

候機時，大師與隨行弟子說道：「人與人相處，要靠『尊重』來維護彼此關係，有恭敬心的人，不會有壞的行為與念頭。懂得惜情、惜緣、惜物的人，都是從倫理上發揮出來的。

有希望，人才會活得踏實，一個人有所犧牲，必會有所回報。對每一項工作都要有理想、有目標、有看法，真心去發揮，必能有所成就。

創業的基本條件，要有理想、有策劃、有辦法，難行能行，難忍能忍，因為『難』，才要接受種種挑戰。

一個人能力多少可以諒解，但不發心則不可原諒。做事要做出歡喜、快樂、興趣，以莊嚴的心來服務大眾。」

38 我們的心

一九九八年七月二十五日上午八時，傳燈會於本山如來殿會議室舉辦「調職講習會」，恭請大師開示。

大師講授「我們的心」：

「佛光山是一個集體創作的教團，不是靠個人單打獨鬥完成的。現在的徒眾，自我意識非常強烈，不懂和合，六和僧團要和合才能成團。每個人都有優缺點，首先要接受與之往來，以欣賞的角度看待，絕對有好的效果。應學習接受他人不同的看法，如果一直不滿他人，今後怎麼辦？必須先健全自己，要有『不是別人不好，是自己功力不夠』的觀念。」

大師又說：「調職要歡喜地離開，得到主管的肯定，肯貢獻，有溝通；如果都做不到，無論走到哪裡，問題依然存在。要懂得融入大眾中，接受主管教導，讓大家贊同你、肯定你。你有包容心，很勤勞，有慈悲，懂得讚美。加上有柔軟心，讓人信任，才能走遍天下。」

39

改變自己

一九九八年七月二十五日晚上七時三十分，傳燈會舉辦「調職講習會」，恭請大師於本山如來殿會議室傳授心法。

以「改變自己」為題，大師說：「讀書不只讀經典，也要從生活中去讀書。讀道理、讀做人做事，才懂得佛法，才會運用佛法，才有信心，才能圓融。

要常想：我待人誠意夠嗎？有給人方便嗎？對人說話有好言好語嗎？做事有盡心盡責嗎？自己私心很重嗎？常常反省檢討自己的做人處事，就會得到他人的肯定。」

大師並列出數點，給大家反思：

一、何謂吃虧？自己吃虧不表示就會讓人占便宜，反而能解決問題。

二、何謂承擔力？勇敢、柔和、負責。

三、何謂執著？我認為、我以為、我覺得、我想要怎樣。

四、如何讓信徒感動？積極、周全、慈悲、柔軟、尊重、包容、威儀。

五、對常住應有的態度？忠貞、奉獻、配合、承擔，能為法忘軀。

六、如何做好一個部下？接受指導、批評、安住，不可見異思遷。

40 做人要懂得轉身

一九九八年八月五日，從新加坡、香港回山參加「短期出家修道會」的百餘位戒子，於上午出堂後，大師特地與新戒們座談。

大師說：「講經給人聽懂不容易（要對根機）；講得讓人聽不懂很容易。寫文章也是如此，文章的內容要讀者歡喜看，能表情達意才重要，而不是作者想寫什麼，就硬要讀者接受。」

一信徒請教大師：「放不下，怎麼辦？」

大師說：「『放不下』，是不知空無的境界，人生的聚會只是偶然，不要在偶然的短暫交會上『放不下』。尤其不要在人事上太多的執著，要懂得轉身。」

又有信徒問：「什麼是真正的布施？」

大師說：「有錢不會用，也是一種的貧窮。不管富有與否，從小就要學習小小布施。布施也不一定用金錢，如：用笑容、禮貌、服務、結緣、愛護小動物，並懂得感恩等，這些都是很好的布施。」

41 要樹立團體形象

一九九八年八月十二日，大師從新營講堂返回佛光山。在車上與隨行的徒眾談話。

一、我們行車走到單行道的地方，覺得有所不便；多線道的城市，四通八達。我們做事大都是「單行道」，一旦此路不通，便覺得氣餒；所以我們要學習「集思廣益」，讓做事變成「多行道」，多一些人參與，多一些想法、共識，可以把事情做得更完美。

二、佛光山是四眾的道場，在家眾有能力的，在道場內也可以擔任當家、總務、公關、外交等職務。在弘法事業上，和僧眾同等重要。做事要有願心，才能無所不成。

三、一個人要進步，對自我的言行功過要記錄，有紀錄才能警覺；知道檢點，才會修正自己在言行上的缺失。

四、對信徒要來時歡迎，去時相送；但不與信徒私交，不凸顯個人，要懂得共同樹立團體的形象。

42 人生是馬拉松賽跑

一九九八年八月二十一日，大師從台北返回佛光山的車上，對隨行的弟子談到在嘉義大林開辦南華管理學院，為學校尋找人才的心情。

大師說：「我很惜才、愛才，更願意護才；只要有才華，我都會以武訓興學的精神來禮請。」

大師又說：「我們到人間來，是來奉獻的，不是來享受的。要將金錢、名利放一邊，要如蜜蜂採蜜，但取其味，不損其色香。

人生是一場馬拉松賽跑，要耐得住、耐得長、耐得久；所以凡事要養深積厚，不貪求速成。」

43 修行重要的是要真心

一九九八年八月二十九日晚上，大師繼續為叢林學院新生教授「在佛學院的學習方向」。此堂課程開放同學提問。

提問：「修道者如何做生涯規劃？」

大師說：「規劃培養自己的忠誠、對人的恭敬、尊重，增長道德觀、慈悲觀。」

提問：「在佛門中，學歷重要嗎？」

大師說：「佛門重『學力』不重『學歷』，我的教育一向本著『有教無類』的理念。學院這些年，最大的貢獻是：學生在這裡學會了孝順父母；懂得要讀書，知道學力很重要。而『學歷』的重不重要，就看弘法和社會的需要而定。」

提問：「學佛如何求深、求廣？」

大師說：「讀書先求廣後求深，學佛寧廣不一定要深；因為宗教不是學術，寧為宗教徒不為學者。讀書是快樂的事，要隨緣放曠、稱心自在。」

提問：「如何在學院中修福又修慧？」

大師說：「人的相好莊嚴是修福而來的，相由心轉。人生有兩個生命，一個是為我的，一個是為人的。在佛教中有一個典故說：『修福不修慧，大象披瓔珞；修慧不修福，羅漢應供薄。』福慧共修，在佛教中是重要的修行，所以要懂得修福結緣。」

44 心中的世界要開拓

一九九八年十二月二十七日晚上，
大師於本山檀信樓禮堂，和叢林學院的學生座談。

大師說：

一、知識可以慢慢地充實，但心中世界的開拓，要從小開始。

二、同樣一件事，有佛法與沒有佛法的人，感受是不會一樣的。

三、一個團體，好人要推薦、壞人要申誡；好事要表揚、壞事要警告，才能建立規矩。

大師也勉勵在家眾同學，可以訓練當檀講師，學習辦青年團、社教、佛光衛視（今人間衛視）等。一個典故說：「修福不修慧，大象披瓔珞；修慧不修福，羅漢應供薄。」福慧共修，在佛教中是重要的修行，所以要懂得修福結緣。

提問：「如何持續自己的密行？」

大師說：「密行不需要長時間，每天五至十分鐘都可以，修行重要的是要真心，發道心、定密行，功德成就是自己的。」

提問：「如何去除優柔寡斷的性格？」

大師說：「學習菩薩的大慈悲、大智慧、大勇敢，以利益大眾為考量，可以改善。」

提問：「如何堅持出家的路？」

大師說：「發心出家要有堅毅不拔的精神，不是露水道心。要能勇往直前，不退菩提心，遇挫折痛苦仍要能堅持。多數眾生愚癡，不到黃河心不死，不見棺材不掉淚，容易遇到挫折就放棄，因此自我人生變得長夜漫漫，很難出離生死。我從出家至今，不曾有過離開佛教的念頭，一切理所當然地接受，不因任何原因狀況而改變初衷；答應的事不能失信，守住自己的承諾、實現自己的諾言。出家是神聖的事，要慎重。已出了家，就不能反悔。」

45 戒是要求自己

一九九九年一月三日，
大師於本山檀信樓禮堂，為叢林學院師生授課。

大師以《佛教叢書》為教材，講說「戒律」：

「軍人有軍法，記者有記者法，勞工有勞工法，學校有校規；同樣地，佛門也有戒律。戒，是要求自己，不是約束別人；因此，戒非消極，而是積極在淨化我們的身心。

戒律有權威性，清規則有彈性，可以依需要調整。叢林常談『守、不守清規』，較不強調『持、不持戒』。真正的戒，要在心念中持守。」

46 給青年的四點意見

一九九九年一月十四日上午，大師在南華管理學院（今南華大學），為二百多位學生主持「成年禮」。

大師勉勵在成年之際，要思考人生與未來，提出四點對青年的建言：

一、在感情方面：青春時期最豐富的就是感情，生命的永恆要靠愛來滋養，但愛的對象、方法要正當，愛才可以美化我們的心靈。

二、在金錢方面：人們對金錢都充滿了追求的欲望，但金錢非十全十美，有錢可成事也可敗事，而健康、智慧、人緣、滿足、感恩的擁有，比金錢更可貴。

三、在群我方面：人不可能單獨生活，最起碼的衣食住行都離不開群眾的給予，所以「處眾」要彼此體諒、包容、協助、尊重，學習待人處事的智慧。有智慧、有修養的人生，才可以走遍天下。

四、在前途方面：要懂得規劃自己，前途是靠自己去播種，而非去爭取。

如何播種？不外要盡心盡力，做個健全的人。

最後大師叮嚀：「除此之外，在精神方面還要成長忍耐力、慈悲心，做事歡喜、做人明理，能承擔負責，成為一個有感恩、有回饋能力的人。」

47 歷史是我們的鏡子

一九九九年一月十八日，大師回到台北道場和服務於佛光會的徒眾接心。

大師說：「要擔任好輔導法師的條件，必須要有耐心、有認知、有帶動、有功能，而且還要不搶功、不拒絕、不控制、不嫌棄。傑出的條件，除了能力、智慧、聲望外，最重要的是要有道德。

歷史是我們的鏡子，可以讓我們知道是非、好壞、對錯、可否，以增加自己的辨別力量。

一、身為主管：領眾時一定要勤勞、忠貞、守法，任勞任怨地以身作則，讓屬下感動，帶兵要帶心。

二、身為部屬：沒有計較，就沒有爭執。不去執著主管對人、對事的處理公不公平，重要在於自己內心的不計較、能和諧最重要。要求自己比要求他人有效，自身的德行也進步得更快。」

48 調整自己的觀念

一九九九年一月十九日，
大師在台北道場與徒眾接心。

大師說：「做事不宜有框框，自以為是，就是框框；知錯不改，就是框框；墨守成規、不求進步，就是框框；不知方便法門，就是框框。不要自我設限，懂得因需要而適時調整自己的觀念、作風，才是處事的好方法。

新的工作環境變動、新的制度開始實施，必須要經過一段適應期。所以，要保有：不怕苦、不怕難、不怕累、不怕受委屈的初心，才能在不灰心、不失意之下，重新再來。

人與人之間，在時間上不調和，就會有問題；在空間上運用不好，也會有問題；彼此互相不了解、不體諒，也會有問題。有問題就不容易溝通，沒有溝通如何了解？人與人之間，一定要接觸、要融和，才能化解問題。」

49 關鍵的十五年

一九九九年二月十一日，叢林學院的學生道場巡禮圓滿。在屏東講堂時，同學們發起「感恩之夜」，各自發表心得感想。

大師勉勵：「一個出家人的養成，至少要十五年的時間；因為形象的樹立，是要點點滴滴累積的。

一、出家的第一個五年，沒有人認識，沒有形象可言，所以要精進學習、充實自己。

二、出家的第二個五年，要表顯自己的特色，如知客、法務、駕駛、典座、口才、文筆、電腦、說法、慈悲、發心等，將自己的長處表現、並且讓人接受。

三、出家的第三個五年，專長受人肯定後，還要廣結善緣，在發心、結緣、委屈、吃虧、忍耐中，累積自己的福德因緣。形象已被接受，只要常住用人之際，自然就會被提拔出來；反之，則會在團體中，埋沒自己的能量。」

大師期望大家好好珍惜自己，重視這成長關鍵的十五年。

50 做事有心，不一定要專才

一九九九年二月十八日，旅居香港的功德主楊棟、楊葛小琳夫婦到台北道場拜訪大師。

席間，大師提到：「做事不一定要專才，只要有心，多請教、多吸收別人的經驗、虛心接納他人的意見，一樣可以發展出有水準的事業。會做事的人是：以有限的資源，做無限的工作。

在人事物上遇到挫折，要把它當成一種學習的過程；因為沒有人情的傷害，成長就會比較慢。在佛光山，弘法的目標只有佛光山共同的理念，沒有個人的想法。」

51
換心不要換工作

一九九九年三月一日晚上，
大師和今年度期尾申請調職的徒眾們進行「師徒時間」。

大師說：「世俗上的快樂是一種比較性的快樂，人心不容易滿足，所以不容易有真正的快樂；真正的快樂是從替人服務當中得到的，因此，服務是快樂之本。對環境不適、工作不如意，主要在『換心』，而非換服務單位。

凡事要依自己的所長來表現，工作時要研究如何去突破、進步，不是去研究人我是非，在集體創作下沒有誰大誰小。」

52 看見未必是真

一九九九年三月二十四日上午十時，
大師由台北道場南下回總本山。車上隨緣為弟子開示。

大師說：「世界上有很多事情，不一定非要看到，才能確立，比如：愛父母、愛子女、愛國家……『愛』在哪裡？說不出來，找不著，但不能說沒有。發光的電在哪裡？看不到，但只要一按開關，電就來了。所以說，有些東西可以用『現量』，如杯子、桌子，一看就知道；可以用『比量』，用比較、測量可以得知；更可以用『聖言量』——權威者的語言，具有可信度。

從現量、比量、聖言量等各種角度，可讓我們的視野更寬闊。凡事不一定要親眼看到才算數，看見的未必是真，看不到的未必不存在。」

53 接受才能成長

一九九九年四月二十三日上午，大師巡視蘭陽別院，並和服務於宜蘭地區的徒眾進行「師徒時間」。

大師說：「身為出家眾，面對信徒時，從微笑中將歡喜表現出來。身為弘法布教師，沒有不笑、不說、不發心的自由。在度眾過程中，受苦、受委屈那是當然的，受難、受挫折那是自然的，能從中禁得起，繼而坦然接受，才會成長，所以說出家眾是沒有資格煩惱的。

每一個人都會成長，但成長的品質，因各人的際遇、因緣不同，也不會一樣，如經過霜雪的歷練所表現出來的胸襟就會不一樣，所以修道人要接受一切，把信仰留給自己、把歡喜留給別人、把歷史留給大眾。」

54 感謝有人用我

一九九九年五月八日，威京集團負責人沈慶京先生來山拜訪大師。

大師說：

一、凡事帶著感恩的心、知足的心去做，自然在工作中處處會有法喜。

二、**如何讓自己更好？在每一個當下，都要感謝有人用我；我們一期的生命，要「給人利用」才有價值。**

有用的人，什麼都沒有，但什麼都擁有。

55 接受要求，調整自己

一九九九年五月十九日下午，大師由高雄小港搭機前往香港，晚上和佛香講堂的徒眾們座談。

大師說：「『守時』對一個人的事業是很重要的，領導者若不守時，其屬下組員的作業程序，可能因此而亂了步驟。

即使是領導者，心中若沒有主——無法找到自我生命的價值感，自然就不容易接受別人的批評及善意的指正，因此在自以為是的慢心下，人最容易失落。

世間沒有十全十美的，再好的良田，也會有雜草；只要發心正確，受屈、受苦、受累，沒有熬不下去的。

一個人的聲望需要時間來養成、需要大眾來護持，先有健全自己的發心，就會接受別人的要求，而時時調整自己、反省自己，才不會一個人『閉門造車』。」

56 把困難化為福德因緣

一九九九年五月二十日晚上七時，大師於佛香講堂為一千多名信眾主持「皈依灌頂典禮」。九時，大師會見香港理工大學校長潘宗光教授、香港大學工程系李焯芬教授夫婦，以及何顯貴律師等多位信眾。

大師說：「能幹的人可以『空中生妙有』，把困難化為福德因緣。美好的事情，都是在『心甘情願』中建立起來、莊嚴起來的。凡事要有所取捨，必須懂得孰重孰輕、孰急孰緩，並要懂得說好話，鼓舞別人的信心。」

57 檢討自己的心

一九九九年五月二十六日早上，大師巡視普門寺，中午由台北南下。晚上，大師安單於嘉義南華學舍，和研究部的徒眾們進行「師徒時間」。

大師說：「人在煩惱生起時、在外境紛擾時、在道心動搖時，如果不懂得警惕自我、不知檢討自己的心，就很容易隨波逐流。環境好壞、人為好壞、事情好壞都不重要，重要的是讓自己健全，自己心境提升，到處都會很美好。

學佛要有『菩薩畏因，眾生畏果』的因果觀，所以在生活作息中，身、口、意不要輕易散播不好的因緣種子。

看一件事，不要只看一時成敗，要看到長遠的未來；看一個人的成就，不要看他一時的好壞，要看他周遭的因緣關係。」

58 思想要用心

一九九九年八月五日晚上，《講義雜誌》社長林獻章帶領五十多位員工到台北道場拜會大師。

大師說：「每一個人都要經過『千生萬死』才能健全，要將很多的經驗做為自己的警惕，人在學習過程中最怕的是一次失敗就一蹶不振。」

有人問：「休閒生活要如何過？」

大師說：「並非離開工作崗位，特別到一個地方去，才叫做休閒。人忙心不忙，就是最好的休閒。」

有人問：「如何有思想？」

大師說：「思想要用心，心用慣了，自然就會思想了。」

59 大家都在寫歷史

一九九九年八月十七日，大師到山上各處巡視，並為隨行徒眾開示。

大師說：「有些人在工作上遇到挫折，或遇瓶頸時，就想調職換單位，與其換工作，不如換想法、換觀念、換做事的方法。看自己，要看不足、不夠及缺失的地方，要懂得改進；看別人，要看出他的長處、專長，並要學習。一個人在學習過程中，對他人的教導，不懂得去接受、去吸收，在學習上一定比較慢。」

大師又說：「人都會遇到順逆境，順境時心要淡，逆境時要能忍，只要忍得過，再怎麼不順遂的事都會過去。對上勇於承擔工作，對下交代明確，並多加讚美，天下沒有達不到的任務，沒有不能用的人。」

隨行弟子請教大師：「如何不發脾氣？」

大師說：「只有自己才有辦法來對治，但可以肯定的是，具有慈悲心的人比較不會發脾氣。每一個人在言行上都要謹慎，別以為年紀小，或資格老就可以輕心、慢心。佛光山的大家都在寫歷史，這是需要花費多少時間、培養多少因緣、付出多少辛苦、投注多少心力才能成就。能匯集這些條件，所寫出來的歷史才精采，所以平常自我的言行要嚴謹。」

60 駕馭煩惱

一九九九年十一月二十五日，大師對澳洲南天寺住眾開示「煩惱解決之道」。

大師說：「人往往因為一件事、一個人、一句話、一個眼神乃至一個動作而產生煩惱，只因自己無法釋懷而久積成一股無形的負面能量，如同地震所形成的能量在不斷累積之後，一旦達到飽和，稍一觸動立即一發不可收拾。因此『煩惱』人人皆有，我們不要怕煩惱，而是當煩惱產生時，要懂得駕馭它。」

大師又說：「修道人要如何駕馭煩惱？應以發心、慈悲、智慧之力，以及熱忱的心廣度一切眾生；平時要有密行，以誦經、禮懺、禪坐等方式所產生的宗教力量，淨化、昇華、擴大身心。煩惱來時，不跟它起舞，看著它，它就起不了作用了。」

61 斷食不如斷煩惱

二〇〇〇年十月十一日，
大師在雲居樓二樓，與參加第六屆寺院行政管理講習會學員座談。

學員請問佛教對斷食的看法。

大師說：「現在社會流行斷食，佛教裡也有過午不食的生活習慣。這要追溯到佛陀時代的印度氣候，由於非常炎熱，讓人覺得不想吃飯，只想喝水；在這樣的環境下，促成修行者日中一食、樹下一宿的簡單生活。可是佛教傳播到其他比較寒冷的國家，日中一食、偏袒右肩，就不合時宜，也會讓人受不了的。現今有些人為了過午不食，就必須在中午十二點以前多吃一些食物，以便撐到明天早上五點、六點才能吃早飯，這中間有十八個小時既要工作又要修行，堅持過午不食，可能會造成營養不均衡。」

大師進一步說：「斷食不如斷煩惱，執著過午不食就能成道嗎？烏龜、蛇到冬眠的時候，幾個月都不吃，牠們也能成道嗎？也曾有個出家人，一天只吃一餐。但是中午要吃一臉盆的飯食，以便撐持至明天早上。既然如此，何必這麼辛苦。如此矯枉過正的行為，不合佛法中道義，也不是真正的嚴持淨戒。還有的人，不但自己斷食，還鼓勵信徒斷食，讓患有心臟病的信徒因此往生。修行要注重的是息滅貪瞋癡，不是在這種外相形式上的細節計較。信仰要選擇正常的、正見的、安全的，才不會走火入魔。」

62 學做大磐石

二〇〇〇年十一月六日中午，大師在美國洛杉磯西來寺會客室等候來訪的清華大學校長劉炯朗。

大師談到有一次煮雲法師對他說：「你好像是一塊大磐石，哪一個人想動你，是不容易的！」

大師說：「當時我聽了，心裡就想，真是如此嗎？那麼我就做個大磐石吧！」

大師又說：「我們的心也要像大磐石如如不動，小沙石力量不夠，容易被吹散、流失；希望佛光山的弟子也應該學我，做個大磐石！」

63 供養心是典座祕訣

二〇〇〇年十一月十一日上午，大師在鹿野苑道場的齋堂對大眾開示。

大師說：「廚房最怕無明火；典座的人要有供養心，要以最好的飯菜來供養大眾。」

大師提及，多年前張培耕吃過自己所煮的一碗番茄麵，終生難忘。大師又說：「多年前，有一天午後從台北出發，預計晚間九點抵彰化福山寺用晚餐。事前電話聯絡過，所以心中一直認為屆時必有一頓熱騰騰的晚餐。豈知一到，稀飯已涼，三菜一湯，青菜又老又硬，這就是他們為七十多歲的老人準備的飯菜，當時心中只有一種感覺，就是『不被尊重』。」

大師提起這段往事，主要是在教導徒眾，一頓飯菜能給人歡喜，以及給客人感覺到「備受禮遇」的尊重。

64 慚愧是做人的根本

二〇〇〇年十一月二十二日晚上，
大師在澳洲南天寺法堂對參加亞澳「梵唄讚頌團」的徒眾開示。

大師說：「在我的人生裡沒有『困難』這兩個字，無論什麼事，只要有心，再大的困難都可以克服。做人寧可被人欺負，但不可見異思遷；大地虛空給人作賤汙染，但是大地虛空沒有缺少一點。人生的道路，不管長短、遠近，總之學佛的人，要正正派派把這條路走完，不要怪人、責人，自己要『慚愧感恩大願心』，這是做人的根本。」

65 找到自己的定位

二〇〇一年一月二十三日上午，大師至叢林學院女眾學部巡視，並在圓門為在院八十多位師生開示。

大師說：「早期佛光山開山時，一無所有，僅有愚公移山的精神。希望同學找到自己的定位，面對社會大環境，看事情的角度，要有所不同。」

66

為善就是基因改造

二〇〇一年四月二十五日晚上，
大師應新加坡國立大學醫學院之請，假新加坡 Marina Mandarin Hotel 會議室主持了一場「佛學與醫學交流」的座談會，
除了畢業於該院的執牌醫生及在學的準醫生出席外，
另有該校文學院、哲學院及南洋大學、義安理工學院的學生聽講。

大師從佛法的觀點，一一解答醫學上的問題。

大師首先從佛教義理來解析問題，並且舉譬說明，例如，問到佛教對複製動物的看法時，大師說：「世間一切都離不開因緣法，一粒種子如果沒有土壤、陽光、空氣、水分等因緣，便無法開花結果；因為宇宙萬有一切都在緣起法中，即使複製動物乃至基因改造，都離不開因緣果報。」

大師話鋒一轉，對大眾開示道：「為善不造惡，就是基因改造。意義一樣，只是名稱不同。即使科學再發達，還是不能超出佛法提出的『因緣果報論』的心靈改革、命運改造的範疇。」

67 面對心中的魔軍

二〇〇一年七月五日下午，大師於如來殿會議室，為即將調派到國外弘法的永寧法師等三十二位徒眾開示。

大師說：「莫用輩分壓人，應以人格、道德、勤勞、發心讓人尊敬，所謂福地福人居，有善根福德因緣，隨處皆能安住發展；培養正知正見，不臆測亂信流言，平時要勤於拜佛禮懺。

人性、人心很複雜、多變，在人事上，思想要溝通、行事要統一、說話要肯定、不要猜疑。

領眾第一方，身教重於言教，不能遇到困難就調職，應設法突破、解決困難。」

「學佛要降魔，因為唯有你願意解決困難、突破困境、不屈服心裡的魔軍，才能增長我們的善根、福德。」大師以「降魔成道」勉勵徒眾要勇敢面對困難。

68 萬事都是好因緣

二〇〇二年七月九日，
大師在美國洛杉磯西來寺會堂主持「美洲徒眾講習會」。

以「人與事」為題，大師說：「讀書不一定要進學校，其實每一個寺院道場就是一所佛學院，住持即校長，大家要懂得在各單位用功讀書。做人要敢，敢就有力量。慈悲、智慧、忍耐、精進，就是力量。」

大師又說：「人最大的敵人是自己，有的人怨嘆自己沒有因緣、沒有辦法，其實都是自己造成的。人最大的失敗，就是自覺有理、不肯認錯；唯有自覺無理、自我慚愧、自我充實，才會進步。

在人與事之間，人人是我們的老師，事事是我們的因緣，人間的萬人萬事都是我們成就佛道的好因緣。此外，你們要認同、歡喜的接受調職，調職的輪替是讓我們有更多結緣的機會，活的水才會清澈甘美，一個人願意被調動，才是一個有能力的人。」

69 學道要知己知心

二〇〇二年八月二十三日，大師於雲居樓大齋堂為全山大眾開示。此次，大師從馬來西亞至日本，又從日本至美國，再回到日本，前後歷時四個月，期間並於日本本栖寺舉行了三次的徒眾講習會，他感覺到徒眾要認真學習「知己知心」。

大師說：「大自然山河大地都知道四時變化；天黑了，貓狗飛鳥也都知道回家；本山的徒眾卻不知道自己，不認識真實的自己究竟是怎麼樣。一個人只有認識自己的心，才能認識自己。如同古代禪師說：『大事未明，如喪考妣。』連自己都不認識，如何去了解別人，一個不識本心的人，如何待人處事做到慈悲、圓滿呢？」

大師又說：「不知道聽，也不會聽；聽了不會意，不知道體會、不知道感動，等於『竹籃子打水一場空』。因為這樣，不管佛光山發展多大，世界有多美好，都成不了自己的。

古人說，知己知彼能百戰百勝，學佛的人除了知己更要知心，才能發掘出心靈的寶藏能源。」

70 在大眾中修行

二〇〇二年九月三日上午，
大師於金光明寺主持「海內外住持主管講習會」。

大師開示：「一字之差、傳話不當、表情措詞不當，會造成是非謠言。要學習說好話，說慈悲的話；慈悲的人說話，句號多，問號少。慈悲為本，方便為門，我們失去慈悲，不是佛法；失去方便，不是智慧。慈悲尊重，就沒有敵人。

修行要在哪裡？在大眾、工作、生活裡。學習被責怪、被批評，要多讀書，要發心度眾，切莫光陰虛度，一生與草木同腐朽。」

71 成功者禁得起委屈

二〇〇二年十月一日，
大師在日本本栖寺主持「法堂書記二室徒眾講習會」。

大師說：「出家人要有灑脫自在的性格，不要因一句話、一個人而起煩惱。做事要懂得管道、步驟、階段；每天學習設計問題、發問問題，知識才能有效吸收。」

大師開示一個人的成功之道：「一、處處周到。二、培養因緣。三、能識大體。四、全方位參與。五、公私分明。六、不輕易拒絕。七、所做之事要能對常住、佛教、法界有貢獻。八、言行要一致。九、要能受得起委屈。」

72 要忙得心甘情願

二〇〇二年十一月二十五日上午，大師主持由新加坡佛光協會及華文教師協會聯合主辦的「星雲大師與教育界人士座談會」，主題「忙就是營養」。與會者有國會議員楊木光、華文教師協會會長李彥溪、光明山普覺禪寺當家廣聲法師，以及台灣駐新加坡辦事處副大使豐郤先生等二千多人。

大師說：「人若想要有成就，就是要忙，而且要忙得心甘情願；忙出正面的、積極的、為大眾的，忙得有建設性。我自己一生的規劃：第一個十年是成長的人生，第二個十年是參學的人生，第三個十年是文學的人生，第四個十年是歷史的人生，第五個十年是哲學的人生，第六個十年是倫理的人生，第七個十年則是佛學的人生。」

大師又說：「人身難得，佛法難聞，我的七十歲人生，也是從忙中擁有人緣，從忙中拓展佛教事業。我們要忙出心裡的歡喜，忙出無限的意義，在佛教的歷史裡，我們要做一個為自己寫歷史的人。」

73 上台、下台

二〇〇三年一月十七日，大師於台北道場，為任職於本山事業單位的徒眾開示。

大師說：「無論做什麼事都要有『我來』的衝勁，學習肯承擔。在佛光山，彼此是信仰、道義、共同生活的關係，不必計較誰做、誰不做。**佛光山的人很好上台，也容易下台；下了台，再上台。**」

74 接受丟醜訓練

二〇〇三年一月三十一日上午，大師於法堂與書記二室徒眾座談。

大師說：「弘法利生，要懂得動員社會的力量，讓社會大眾參與到我們的活動裡。雖然住在山林，我們不能無視眾生的苦難，要養成心裡有眾生，有服務大眾的性格，長養社會服務的因緣。

平時做事要謹慎，一個人不小心犯的錯，可能花費二十個人的時間去彌補都無法挽回。

在群體中，想要舒適、想要一躍升天，這是顛倒妄想；一個人不想辛苦、不想努力，人生就沒有什麼大用了。即使自己沒什麼能耐、即使礙手礙腳，但也要學習擠到群眾中，以長養自己的群體性格。」

大師又說：「在群眾中，學習丟醜，不怕被人怪、被人嫌，丟醜就是一種無我的禪定力訓練，所謂沒有天生的釋迦、自然的彌陀，接受『敢獻醜』的勇敢，就能走出一片天地。」

75 坦誠是佛心

二〇〇三年二月二十日晚上，
大師於台北三峽金光明寺與全體住眾接心。

大師說：「對領導者或屬下，每天都要講話交心，所謂『直心是道場，坦誠是佛心』。常住要有眾人擁護，不能用語言傷害。什麼自由都可以，就是沒有對人不好的自由。」

76 用正念降伏病苦

二〇〇三年六月十九日晚上，大師在雲居樓六樓，為人間佛教讀書會的學員講述「佛教對身心疾病的看法」。

大師說：「建立『與病為友』的正見，自然能化解、接受身心病苦的難受。老病是自然必經過程，可以自我治療，用精神力克服病苦。身病心不病，身體的老病隨它去，我們要建設健全、圓滿的心靈世界，要拓展自己的心量，要寬心，不自私，把錢財、快樂都能分享給人。與人相處不比較、不計較。對兒女、對眷屬、對伴侶、對同事，要心存感謝，不要處處計較。身心的病，來自顛倒夢想，我們以正念、正心降伏煩惱，身心就會自在、解脫。」

77 以苦難挫折為榮譽

二〇〇三年七月五日上午，大師在澳洲南天寺海會堂，出席「大洋洲徒眾講習會」，為弟子們開示。

大師說：「學佛要先無我，才能建立大我。一個人生起無明煩惱時，便要埋怨他人、責怪環境，其實是自己的觀念、見解出問題。學佛是自覺，自覺自己不健全，自覺自己要改進，自覺自己對待人不好，自覺自己對不起別人。一個沒有自覺力的人，處處有我，事事為自己說理由，是不容易給人接受的。

在團體中，不是你個人受表揚就很榮譽，而是要以能禁得起苦難挫折為榮譽。在修道的路上，有力量就能抗拒壓力、挫折，要訓練自己成為十項全能的優秀選手。」

78 成為觀音菩薩的化身

二〇〇三年七月十八日上午，大師在香港佛香講堂，為參加觀音法會的信眾，開示修行的真義。

以「自己是觀音」為題，如是說：

「學佛前是迷，學佛後是悟，悟了什麼？悟到自己的真心本性和佛菩薩是一樣的，好比一部車，菩薩是車子已啟動去乘載眾生，凡夫則是未發動的車子。學佛修行要學習觀世音菩薩的慈悲與智慧，去三毒，自然可以免去七難的橫禍，進而變化氣質、氣度、氣量，當下承擔自己就是觀世音。

我們信仰觀世音菩薩，把自己的心交給菩薩，心的境界就不同了，時時把心交給菩薩，口念心行，身心和觀世音菩薩接在一起，自己也成為觀世音菩薩的化身。」

79 拜佛是喚醒心中的佛

二〇〇三年十一月三十日上午，
大師應邀至北海道場，為五百多名朝山信眾開示「朝山的意義」。

大師說：「朝山拜佛，人是拜下去，但心靈卻昇華了，甚至擴大與法界同在；所以藉著朝山與佛接心，讓自己的人格昇華、心靈淨化，能夠增加信心、力量，朝山的功德利益，無與倫比。

拜佛不一定要到寺院佛殿前才能拜佛，即使在家中，只要一念心淨，即與佛心交流。佛在哪裡？佛在心中！心中有佛，口中所說都是佛的語言，耳中所聽都是佛的聲音，眼中所看都是佛的世界，所以拜佛是喚醒心中的佛，不是在外相上求取，心中有佛，生活才能有佛的清淨、智慧、慈悲，自然無有憂苦。」

80 要看好的一半

二〇〇三年十二月四日中午，
大師在法堂會議室為四十六位叢林學院應屆畢業生開示。

大師說：「人生要與人一較長短，必須有力量。故須學習成為『有力』的勇者，應以慈悲、正派為力，要有承擔、處眾的力量。世間人有世間人的力，學佛者應以忍耐為力。人是打不倒的，要看自己的抗壓力，從哪裡倒下，就從哪裡站起來。

天下沒有不能相處的主管，只要我們勤勞、知趣、耐煩，健全自己最重要。不嫌人、不嫌事，有智慧、慈悲，就能化敵為友，化難為易。

心要向何處安住？要向道、向佛法、向未來前瞻，好好壞壞很快就會過去，菩薩是看好的一半，然後用感動、調伏的力量，影響那不好的一半。」

81
用發心完成任務

二〇〇四年一月一日上午，大師於本山即將在春節展出的「花木奇石藝展」，為全山大眾開示。

大師說明春節花藝展對社會的教育功能，主要是希望社會大眾不要太過於沉溺物質的世界，要多和大自然接觸、融和。從花草樹木中感受大自然的活潑生機，在緊張忙碌中，欣賞花藝展獲得身心的平安、自在，這也是佛光山今年所提倡的主題「身心自在」。

大師說：「一個團體要有憂患意識，要隨時有準備，能接受臨時的動員令，這個團體才會有活力，否則就會顯得老態龍鍾；從統一到團結，團結才能動員，動員才能發揮力量。彰化的花藝展，是集合政府的財力、人力，以及民間的力量在做。佛光山則是螞蟻雄兵，來做世界的奇觀，用智慧、發心、苦力來莊嚴世界。」

大師又說：「佛光山花木奇石藝展勝於民間花藝博覽會，因為佛光山有三十八年歷史，具有莊嚴的殿堂、樹木、建築群等；佛光山為山坡地，地形曲折幽雅；外面的花博會借用社會人力來設計，佛光山是用我們的發心、勞力來克服不可能的任務。」

82

要有海綿般的吸收力

二〇〇四年二月二十九日上午，
大師於本山法堂跑香，對隨侍身邊的書記開示。

大師說：「做人只要自覺心安，東西南北都好。要如海綿般，具有吸收力，學習是看在眼內、記在心裡，並且要培養體貼、負責、認真等性格。」

談到寫文章的要領，大師說：「寫文章時，文句要精幹短小，段落要簡潔明了，層次要重疊分明，要懂得善用四分法。其實寫文章如同講話，話怎麼講，文章就怎麼寫。文章要『表情達意』；表情表得好，達意達得好，就是佳作。所以歡喜文章被修改的人，比較容易進步。」

83 做菜如求道

二〇〇四年三月三日上午，滴水坊總部何瑋馨師姑，禮請大師為來自各滴水坊的職事、義工等三十多人，指導「滴水坊經營的精神和理念」。

大師說：「頭腦裡的見解，就如同杯子裡的東西要倒光了、洗乾淨，然後裝茶裝水才能獲得原味。只有在白紙上才能畫出美麗的畫作；你心裡已經有了顏色，別的色彩怎麼能增添上去呢？在滴水坊不只是在做菜，也像是參禪修行。」

「參禪就必須把所知的是非妄想放在外面，不可以帶進禪堂，這樣才能容易接受，才能容易開悟。學習要做海綿才能吸收，不要做塑膠，要有吸收才能進步。學烹調、飲食藝能，要能深入才會有趣味，能給大家接受、讚美，才會有信心和成就感。」

大師進一步指點做菜的心要：「自古民以食為天，菜餚要做得好吃，有各種不同的做法、各種不同的口味。老人、青年、南方人、北方人飲食的嗜好不同，如佛法要順應根機、觀機逗教。」

「做素菜的人，品德要高、頭腦聰明、心地慈悲；有的廚師雖不識字，但他有慧巧，就是個人才。以前的人沒有環境讀書，但他單純、聰明；現在的人反而不夠靈慧聰明，因為心裡五味雜陳，而失去了原味。」

學素菜也是求道，在菜餚中求道，要具備什麼心態？大師如是說：

一、要有「程門立雪」、「慧可斷臂」的誠懇態度：自己不說理，才能夠有師傅的效用。在日本，初學的禪者用手指來折朝鮮草上枯萎的尖端。何必這麼辛苦？用機械不是很快嗎？但是他們不笨，而是用心對準集中一念，如此參禪才有效果。

二、做菜要練基本功：要先學撿菜、洗菜、切菜，分寸都能拿捏才可以煮菜。這不只是煮菜還是煮心，放一片真心在菜中，才有菜的美味。

三、一生的用心投入：學煮菜不是煮一盤、一次，而是要煮一生，用一生的生命把本性、歡喜、養分、天地萬有都融合擺進去。有的菜一分鐘，有的菜一小時，有的要在前一天就開始準備。人非馬牛，食水草不拘淨穢。若不用心，就做不出具有色香味藝術的美食。

84 煮菜蘊含智慧

二〇〇四年三月十日下午，
大師在法堂會議室，為雲居樓職事二十餘人開示勉勵。

大師說：「在家煮飯，是愛心、是為己、是責任；在大寮煮飯，是給予、是供養、是發心。觀世音菩薩化火燄為紅蓮，我們要化廚房為清涼世界。要把慈悲心、發心功德透過飯菜供養大家。

煮菜是一門藝術，蘊含深厚智慧，要用心體會。在佛門裡，人家不叫你做，你也要做；人家叫你做，你更要做。」

85 學習向自己的陋習革命

二〇〇四年三月十一日上午九時三十分，叢林學院為應屆畢業生舉辦「職務講習會」，大師應邀於本山傳燈樓會議室為實習同學開示。

大師說：「什麼事情都需要福德因緣，不光只是靠聰明靈巧就可以得到。不可以投機滑頭，欺瞞得了一時，矇騙不了永久。此外，要具有新的觀念、新的巧妙、新的知見，在不同的人、不同的環境裡謀得安身之地。被人重用前，在思想、精神力、知見、觀念都要能給人信賴。

不要和公權力挑戰，制度是保護大眾的，摧殘它等於是摧殘自己，最終失敗的也將是自己，應該學習向自己的陋習革命。」

86 十種修鍊智慧

二〇〇四年三月十六日上午，
大師於傳燈樓集會堂對海內外徒眾三百餘人，開示人生的智慧。

大師提出人生的十種修鍊：

一、說真實話。
二、反省改過。
三、自我超越。
四、積極參與。
五、樂群和眾。
六、改變思考模式。
七、養成閱讀習慣。
八、體會挫折的助益。
九、學習解決問題的能力。
十、學習互動、互勉，道業上與人交流。

大師進一步提出，十種應改進的毛病：

一、本位主義。

二、怪罪他人。

三、缺乏思想。

四、關注單一事情。

五、漠視危機。

六、沒有目標。

七、理由太多。

八、不敢請示。

九、文過飾非。

十、揣摩上意。

大師最後叮囑徒眾：「十種修鍊、十種改進，讓你們看得開、想得透，心通即能四通八達。」

87

生命要靠讀書延續

二〇〇四年三月十六日，
大師於本山傳燈樓會議室，為普門中學女籃隊開示。

大師以「球員未來的發展」為題，如是說：

「人生要多采多姿的活下去；生命要靠讀書延續；修養要靠宗教、道德養成；健康要靠運動保養。打球是人生的藝術，在球場中學習做人，注重團隊精神，勇敢而不傷人，掌握剎那時間替隊友製造機會，而非單打獨鬥。」

大師又說：「沒有希望的人生不足取。只要功夫深，鐵杵磨成針。在團體中要鍥而不捨，全始全終。」

88

生命的歷史

二〇〇四年五月二十七日上午，
大師於本山法堂，與新入道教士、師姑接心開示。

大師說：「現在身分改變了，就要將自己的角色扮演好。此外，生命是寶貴的，生命的歷史更寶貴，空間、時間、事蹟都會留下紀錄，所以眼光要看未來，有歷史累積就會有力量。」

89 創造自己的優勢

二〇〇四年六月一日上午，
大師於法堂會議室為馬來西亞東禪佛學院遊學團的同學們開示講話，
與會者有傳燈會執行長永光法師、叢林學院院長滿謙法師及滿慧法師。

大師指導同學，要如何培養自己的福德因緣，以及規劃未來的人生。

大師說：「讀書、遊學、參學，『讀萬卷書行萬里路』，是很重要的時刻。要從你們的故鄉、家庭、學校走出來，走出來就會遇到很多奇遇記。不要向外看，向自己的內心看，能看心看得好，心中的世界也別有洞天。父母是我們的因緣；社會大眾是我們的因緣；信仰、佛經、法語也是我們的因緣，好因好緣要會運用。」

大師提出人生所求的階段：

第一步：物質的生活，就是要吃飯、穿衣，沒有飯吃、沒有衣穿、沒有家住，沒有物質生活，很難談什麼仁義、道德。

第二步：擁有物質的生活後，仍不滿足，要進一步追求精神上的充實。什麼是精神上的充實？要讀書、知識、愛情、快樂、歡喜，這些都是精神的需求。

第三步：統統都有了，還不能滿足，還要有真善美藝術的生活。什麼是藝術的生活？比方說家裡要掛一幅畫，客廳要放一盆花，要音樂、化妝、儀態，表現得崇高；外在環境要有山有水，慢慢的追求美感。統統都有，會滿足嗎？還是不滿足。

最高尚的一步：追求宗教生活，這才是生命真正的需求。所謂宗教生活，就是要精神上的超越。宗教的世界，一沙一石有三千大千世界，從一個蒲團，從一件袈裟袖子口，可以看到無窮無盡的人生。

那麼，如何創造自己的優勢呢？大師道：「要有力量，力量有外在的，有內心的。有時是槍炮子彈，有時是慈悲智慧，哪一樣東西最強？慈悲就是最大的優勢。觀世音菩薩有何力量？『家家觀世音』就是以慈悲創造他的優勢。慈悲的力量、智慧的力量、般若力、精進力、禪定力，都是人生成功的優勢，我們要能展現出這些內在的力量。」

90 吃飯也是一大修行

二○○四年六月三日晚上，大師在傳燈樓集會堂與全山大眾接心開示，有長老慈惠、慈容法師等近七百人與會。

大師首先提到佛門講求五堂功課要正常，過堂是消災、消業、增福報，用齋時要食存五觀，不分別、不揀擇，要發心用餐，不能任意退飯菜，吃飯也是一大修行。

大師進一步勉勵大家：

一、要奮起飛揚、開創前途：立志就是目標、就是方向，發願就有力量，所以要立志發心發願，創造善因法緣。

二、正知正解、深研佛法：當我們要怪人時，表示自己有毛病了。覺得不公平、不以為然時，要先反省自己所做的是否都合理、合法。人只怕知見不正、不受教，要從善如流、知情明理，認錯是美德，要懂得慚愧。

三、樂群融和、集體創作：有活力的人就有笑容，要練習歡喜、讚美、服務、助人。

四、耐勞耐怨、完成自我：要養深積厚，學習恆心、擔當、負責任，才能成功。每天檢查自己的起心動念，善於觀照自我。

91 不著一物，不攀一緣

二〇〇〇年六月二十八日晚上，大師在法堂會議室，與女眾學部即將就讀佛光大學研究所應屆畢業生及在校十三名出家眾座談接心。

大師說：「要養成實在做人、淡泊明志、不著一物、不好攀緣、不好旅遊、不好外出等性格；懂得享受『什麼都不要』，保有出家人的本色。

苦行不是成道唯一路徑，但可以做為自我磨鍊、做人處事、學習立志的方法；苦行不是嘴上說的，現在要能禁得起，未來才能受得了。

自古佛教事業都是靠青年創造出來的，僧肇大師三十餘歲的生命留下一部《肇論》；太虛大師十九歲就在大學授課。僧青年要有志向、目標、熱力、精神力，為佛教、為常住，要奮起飛揚。勿因一時的情緒，葬送一生的慧命。

『一』很重要，出家只有一次，師父只有一位，常住只有一個，修行路上要從一而終，一心一德，全始全終。要認清自己：『我是世界的、是大眾的、是常住的』，不是屬於個人私有的。」

大師又說：「未來常住可設立繪畫樓，陳列僧眾的畫作，讓來山者自由請購，可弘法利生，又可增加常住收入，常住也可以不靠經懺來維持開銷。拓展徒眾的藝術才能，這也是自利利人，自度度他的弘法之道。」

92 一日為師，終身為父

二〇〇四年七月一日上午，
大師於本山傳燈樓會議室主持「普門中學高中女子籃球隊成立大會」。

大師說：「高中女子籃球隊成立，如同辦喜事一樣，感到十分歡喜。承蒙大家乘著風雨來參與盛會，可謂風雨生信心，相信未來必能禁得起考驗、挫折，而更加堅定。」

大師也以自己「一日為師，終身為父」的例子勉勵隊員，「打球，要一直打下去，就像結婚一樣，要全始全終；打球，也像十年寒窗苦讀，要流多少汗水，才能得到榮耀。面對現實社會，不輕易在金錢面前低頭，不隨便在愛情面前低頭，更不在誘惑面前低頭。一個人的觀念，可以左右他的未來，也可以成就他的未來。」

大師期望球員，不只以台灣為目標，更要走上世界，打出國際名聲。並勉勵學員：「打籃球是很好的教育，打球時不能惡意碰人，是慈悲的表現；碰到人就犯規，犯規就要認錯。打球不能單打獨鬥，要懂得團結合作，學習團隊精神。要感謝對方，因為沒有對手，球打不起來，可以學習人際交流。要學習團隊、慈悲、友愛、衝鋒陷陣，沒有比打籃球更好的教育了。」

93 生氣不能解決問題

二〇〇四年七月十七日晚上，大師在傳燈樓會議室，二度與國際禪林生活營學員座談，針對宗教修行的提問釋疑。

提問一：「如何成為一位大師？」

大師答：「小或大都是別人的看法，重點是自己心中要有一把尺，自我測量。真正的佛法不以大小、輕重而論，小和大都可代表一切，都是因緣之一，相互依存。大或小不以外形做定論，而是在精神的價值裡。**心可以『橫遍十方，豎窮三際』，做人要『能大能小』**。」

提問二：「大師平日的生活為何？」

大師答：「三十八年前得糖尿病，吃得不多。由於樂在工作，因此訓練每餐只用三至五分鐘。雖然退位，但自年輕就習慣閱讀與寫作，所以和年輕人沒有代溝。不好外出或作訪客，歡喜隨緣與徒眾上課、接心。」

提問三：「大師會生氣嗎？」

大師答：「佛陀都會生氣，何況我是修行不夠的人。但生氣的原因、內容與結果和大家不一樣。比如：恨鐵不成鋼、以棒喝教育徒眾，這不是生氣，是禪門教育的方法。但生氣不能解決問題，要用智慧來解決。」

94 自覺與行佛

二〇〇四年九月三日，「國際佛光會世界總會第十次會員代表大會」於本山舉行，大師就大會主題「自覺與行佛」開示。

大師說：「自覺是一切淨化的根本。人生在世，生命是體、生存是相、生活是用。自覺生命不垢不淨、不生不滅，學佛能到這種境界，即是最美好的。自覺的目的即是修行，佛教徒平日多拜佛、多請問就能開悟。自覺想通了，就能安身立命，不作法求，不作僧求，當向自己求。今後佛光人要『今日新，日日新』。」

所謂「行佛」，大師說：「行佛有如做義工，留仁義給後代，慈悲影響別人，智慧與人共享，就是行佛。國際佛光會提倡三好運動——做好事、說好話、存好心，是淨化身口意，端正行為就是行佛的表現。常說人家好，不說人家壞，這就是行佛。

此外，慈悲喜捨、救苦救難、奉獻犧牲、端正身心、生活密行、尊重包容、與人為善、慚愧感恩、吃虧委屈、忍耐接受、四不壞信、與時俱進、胸懷法界、同體共生、佛化人間，都是行佛。」

大師又說：「佛是自覺覺他，慈悲有愛心的人。行佛最重忍耐，忍耐可增加力量，所以我們應學習菩薩的生忍、法忍、無生法忍等。」

最後，並以四點勉勵大家：

一、用自覺心昇華自我；

二、用本土化發展佛教；

三、用佛事業增廣淨財；

四、以大願力行佛所行。

95 常懷慚愧感恩大願心

二〇〇四年十月二十五日上午，
大師於加拿大滿地可華嚴寺，為梵唄讚頌團團員開示。

大師說：「大家要訓練自己會評述一個人、會建議一件事、會說明一些理、會明白一種道。人生要有許多的逆向思考，方能成功。佛教弘法人員，要具有熱忱，主動關心，為人服務；如果終日槁木死灰，死氣沉沉，前途堪憂。」

大師又說：「日後梵唄讚頌團出團，人員要精減，所有團員都須具備獨唱能力；好比國樂團，所有團員都能獨奏。我們所到之處，無不接受信徒、會員的熱誠歡迎與招呼，信徒為我們付出，我們也要懂得回饋。要常懷『慚愧感恩大願心』，沒有慚愧，不能成道；沒有發願，不能進步。對於生活要有感受，時時將心得分享，時時給予意見想法，時時思考如何能更好。」

96 要有磨鍊的教育

二〇〇五年一月十日上午，
大師於均頭國中聽取易瑞僅校長報告校園各項硬體設施，
以及卓越學習護照制度、佛光人生命教育等教學內容。

大師指導：

一、培養禮貌：社會的禮貌、家庭的禮貌、同學間的禮貌。

二、生活教育：勤勞於家務、解決生活問題的能力。

三、培養愛心：要培養愛眾、喜捨、慈悲的性格，如保護小動物，乃至一隻小蟲。

四、言行正派：確定兒童正確的人生觀，長大後才不會誤入歧途。

五、正面思考：叢林教育中的「以無情對有情，以無理對有理」的教育法，「有理三扁擔，無理扁擔三」的磨鍊，對孩子未來人生可能會面臨的苦難、鄙視、責罵都能有幫助。體罰是老師沒有辦法、不夠高明的做法。教育的方式，要兒童能夠理解、接受。

97 激發生命的能量

二〇〇五年一月三十一日晚，大師在法堂會議室為本山職事及男女眾學部學生中具有美工專長的二十餘人開示。

大師提點學習之道：

一、要有目標：人生如爬山，有了目標，即使是標高五千公尺，汗流浹背，氣喘吁吁，也在所不辭。早期佛學院第一屆至第四屆學長，雖然承擔工程相當辛苦，但因為有目標，所以過得很充實。

二、工作是快樂、服務是神聖：要將生命能量散發出來，發揮光與熱；人若無工作能量，就沒有用處，所以一分耕耘，就有一分收穫。

三、要有辦法：成功條件是什麼？條條大路通羅馬，但要去行才有路。我沒有學過教育，但任何一個學程教育，我都有辦法應付。例如在宜蘭辦幼兒教育時，整個幼兒園老師都不在，我還是有辦法一個人教；在宜興做小學校長時，即使老師都不在，我也有辦法自己為學生上課。四十餘年前，帶領青年弘法布教，我自己寫文稿、祈願文讓他們念；當麥克風播出他們響亮的聲音在真誠祈願時，我被感動得痛哭流涕，不能自已。所以成功的祕訣在於每一個人心裡。

四、要耐得住：現代人容易感到有壓力，因為在成長的過程當中，沒有經過千辛萬苦的勞動，也沒有歷經萬死千生的煎熬，就會成為一個弱不禁風的人。

五、要有參與：沒有參與就沒有感情，本山美工拿給外人做，實在可惜；大家過去花錢學這許多美工專業，要發揮所長、學以致用。

大師殷切分享他的學成經歷：「五十年前，我從寫板書到寫書法，以二十六年時間，練就如今所寫的字，還到馬來西亞展覽，真是不可思議。所以大家要懂得在工作中學習經驗，並且開發內心的能量。」

98 學習在於用心

二〇〇五年二月十五日晚上，大師為了解叢林學院英、日文班學生之學習進度及未來學習、畢業後的發展方向，特地於本山法堂與同學座談。

大師說：「講話不可飄忽不定，應肯定表達個人想法，但不執著於自己的想法。無常就是變化，窮則變，變則通。時勢所需，常住要大家做的，必定能幫助大眾成長。

學習語言分上中下三等，上等人不容易做到，要能著書、立說、翻譯，了解東西文化、開示佛學、表達思想見解；中等人，要能參加會議，深入探討問題，看得懂信的意涵；下等人能寒暄問候及溝通，讀得懂信，看得懂一本書。雖不是頂尖，人格無虧，沒有人會看不起。

學習要逼自己，沒有時間慢慢磨，三分靠老師，七分靠自己，若要等人教，等幾年都不會。學習不在資質的聰明與否，關鍵在於用心，與心相印，學習就有效果。」

99 相信因果才是正信

二〇〇五年三月七日上午，
大師繼續於美國西來大學主持「遠距教學」
第三場「星雲大師當代社會問題探討講座」，台北道場與美國同步連線。

大師針對今日主題「佛教對命運的看法」，提出獨到的見解：

一、世間無常：佛教對命運的看法，認為命運不是定型的，而是會隨著時間的運轉而有好壞變化，乃至過去、現在、未來三世，都對一個人的命運有所影響。

二、求人不如求己：每個人的身口意三業，都會影響自己的命運，所以與其找別人改運，不如學習「觀世音菩薩手持念珠——求人不如求己」。

三、改運不如改心：世間一切都是由心的力量加注其中所成，人人皆有清淨本性，改變觀念就能改變命運。

四、放生不如護生：有些人為了求長壽而捕捉生靈來放生，反而因此對生命造成傷害，這不但不符合佛教「無相布施」的精神，也無法獲得福報，甚至因此造業而不自知。

五、要能吃虧：別人對我們的傷害，要當作是消災想，不要為境界所轉，好壞由它；但凡事要自覺，要相信因果才是正信。

六、要能轉念：要轉惡念為善念，轉前五識為「成所作智」，以廣結善緣、做好事、說好話、存好心，幫助別人；只要轉換觀念、想法，命運就會不一樣。

100 隨處皆可修行

二〇〇五年三月九日，西來大學遠距教學「當代社會問題研討」課程中，大師再為學員講說。

針對「佛教對修行的看法」，大師首先以偈頌「密富禪貧方便淨，唯識耐煩嘉祥空，傳統華嚴修身律，義理組織天台宗」，講說中國八宗的修行特點，並說明從中國佛教的發展史來看，現在是「人間佛教」來臨的時代。

大師定義「人間佛教」為「佛說的、人要的、淨化的、善美的」；人間佛教是「發揚傳統佛教，注入現代意義」，因此舉凡生活的、實踐的、昇華的、進步的，都是人間佛教。

至於人間佛教的修行方式，大師說：「所謂『方便有多門，歸元無二路』，修行次第從皈依、受持五戒、讀大乘經典、禪淨共修；從人道進而天道到佛道，以戒定慧息滅貪瞋癡，最終圓滿菩薩道。」

大師又說：「最好的修行是『解在一切佛法，行在禪淨共修』。佛法是中道義，太苦或太樂都不是佛教的修行觀。修行人把人緣、福報修好了，人性自然發出光芒，就容易開悟。修行不是論貧富、或有沒有時間，任何人、事、時、地、物，只要有誠心，心香一瓣，普遍十方，都能修行。」

101 學佛的層次須超越、提升

二〇〇五年三月二十一日中午，大師於大阪佛光山寺與佛光會員五十人座談接心。

大師說：學佛法不是求特異功能，而是要——

一、學習認錯：常說對不起、抱歉，家庭必定和諧。

二、學習柔軟：牙齒和舌頭，硬的牙齒掉光，舌頭還是完好的，所以做人身段要柔軟。

三、學習勤勞：勤能補拙、勤能致富，唯有勤勞才會有財富。

四、學習忍耐：忍耐是力量，能夠忍住眼淚、化悲憤為力量的人，才是勇者。

最後大師勉勵大家，學佛的層次要不斷超越、提升，要自覺與行佛，信佛、念佛、拜佛、求佛，不如行佛。

102 佛教對青少年問題的看法

二〇〇五年五月二十七日，大師於本山傳燈樓集會堂，以提問方式，為全山大眾開示「佛教對青少年問題的看法」。

提問：「青年如何建立正確金錢、感情觀？」

大師說：「少年時錢要少，有錢會失落自己。自古成功立業非常艱難，佛教重視苦行，在苦行裡成長，在金錢裡不會成功。在感情方面，處理不當，人生只會增添痛苦。應將私有的小愛，擴大為對國家、職業、名譽、前途的愛。感情如果沒有智慧做引導，就像盲人失去光明。」

提問：「如何協助青年善用假日時間？」

大師說：「可以陪他複習功課、參加益智活動，或是當義工等，這些都可增加青年對人生的認識及信心。也可以培養興趣、第二專長，如打球等各項運動，如聽音樂、舞蹈、繪畫、電腦等。」

提問：「青少年交朋友應注意事項？」

大師說：「經云：『友如華、如秤、如山、如地。如山、如地的益友，可以共患難，同生死』。古德亦云，『益者三友，友直、友諒、友多聞。』所以，交友應交誠信、知識、有道、有品味、正派、合群、正見的朋友。」

提問：「如何使青年建立道德觀念？」

大師說：「道德的定義，有規則、仁義、進步向上、能昇華，是三達德、真善美的。建立道德必須從建立誠信、榮譽、和諧、正派做起。」

提問：「如何協助青年建立生涯規劃？」

大師說：「子曰：『吾十有五而志於學，三十而立，四十而不惑，五十而知天命，六十而耳順，七十而從心所欲，不踰矩。』這是生涯規劃，建立文學、哲學、歷史、佛學、倫理的人生也一樣。用頭腦做為發動的根本，用口才做為教育的根本，用力量做為服務的根本，用發心做為慈善的根本。」

提問：「如何為翹家、失戀等青年開示？」

大師說：「守五戒，信因果，知人我，明罪福。」

提問：「如何協助青年發洩情緒？」

大師說：「像躁鬱症等症狀，可以用唱歌、運動、學習舞蹈、投入工作等方式引導他。教育單位應以鼓勵代替責備，以慈愛代替呵罵，以關懷代替放縱，以同事代替隔閡。」

提問：「學習外語訣竅，如何增加國際禮儀？」

大師說：「學語言，一分耕耘，一分收穫。要做到四到：眼、口、手、心到。每天讀一點，就能日積有功。對國際禮儀的學習，要能革除陋習，學習寧靜致遠，雍容華貴，行為端莊。」

103 經歷苦難，贏得未來

二〇〇五年八月十九日下午，大師在法堂會見佛光籃球隊。

大師說：「不論做什麼事情，不做則已；要做，就要做出水準。你們在進步，別的團隊也在進步；如果別人比我們進步得更快，我們就比不上別人了。因此，我們要加倍用功，才能有所成就。

打球，要靠意志力，抱著『必贏』的決心，多少的委屈和汗水，就是要贏得未來的揚眉吐氣。就像讀書人，十載寒窗無人問，一舉成名天下知，要能耐得住。又如馬拉松賽跑，中途所承受外來的壓力、自己心中懈怠的鬼怪，必須把它打倒，才能到達目的地。

不一定要求教練來訓練我們，而是自己要訓練自己。打球，是你們未來出人頭地的一條路，靠美貌、靠愛情、靠金錢，都靠不住，只有靠實力。在訓練的過程當中，不可以講道理，只有教練才有道理。」

「一個人要經過多少的苦難，才能克服妄想雜念，給人認同。佛教的密勒日巴尊者，老師發現是一塊好材料，就用種種不合理的方法來訓練他，所謂『打得念頭死，許汝法身活』。被打罵、欺負、羞辱的密勒日巴通過這些考驗以後，終於成就一代大師。所以遭受苦難，更要堅強意志力。祝福大家成功，成為一個優秀的籃球選手！」大師為球員勉勵並祝福。

104 聰明的人找自己的缺點

二〇〇五年十二月二十一日，大師應邀於佛光大學國際會議廳以「人生百事」為題，為全校教職員生講演。有趙寧校長、吳欽杉教務長、學務處李宗藩組長、李元和教授、人事室林利國主任等人聽講。

大師說：

一、找別人的缺點容易，但聰明、勇敢的人會找自己的缺點，並下決心改正缺點。

二、人生有三間：人間、空間、時間。要善用、規劃及管理時間，將三小時的事以半小時做完，則能達到「人生三百歲」，將個人性能做高度的發揮。

三、為人思想、行為要正派，寧可正而不足，不可斜（邪）而有餘。

四、建立個人心中偶像，學習、效法他人優點，以增加自己的力量。

五、作息要順其自然，該睡則睡，該吃則吃。

六、所謂「忍者無敵」，要以忍耐的力量訓練自己，將忍的功夫轉化成力量和智慧。

人生有三間：人間、空間、時間。
要善用、規劃及管理時間，將三小時的事以半小時做完，
則能達到「人生三百歲」，將個人性能做高度的發揮。

105

將壞話聽成好話

二〇〇六年一月十五日上午，
由人間佛教讀書會、佛光會中華總會主辦的
「全民閱讀教育終身學習列車——人間佛教閱讀研討會」，
在本山雲居樓二樓舉行，大師應邀為七百位愛書人開示。

大師說：「知識就是財富，所以要廣讀群書。讀書要懂得利用零碎時間，並且思考所見所聞。所謂『以聞思修，入三摩地』，聽聞很重要，要懂得諦聽、善聽、兼聽、傾聽。現代人普遍不會傾聽，或聽話只聽一半，造成許多紛爭、誤會。因此，要會聽，將壞話聽成好話；會聽，則進步快。『聞所成慧』之外，還有『思所成慧』；以聞而思，懂得把知識轉為思考力，才能有不同的見解、想法。最後還要有實踐力，就是好的話、好的事，要身體力行，才能成就『修所成慧』。」

106
樹立慈悲的品牌

二〇〇六年一月十七日下午一點，
大師於台北道場宗務堂為北區道場的主管開示。

大師說：「一個人如果私心太重，凡事只想到『我』，就注定大不起來；所謂『佛道在眾生身上求』，能容人所容、苦人所苦，能與團體共一體，才能成大器，才是真佛種。人要不斷自我勉勵，做事要不怕困難；能有不達目的誓不休的決心與意志才能活出熱力。

此外，人要做出自己的『品牌』，比如，慈悲、勤勞、明理、隨緣、熱忱、莊重、待人好等，都是品牌，**每個人都應該樹立起自己的道風，要把自己的品牌做出來**。

學道貴在自覺自悟，要自我學習、自我承擔、自我發心；自己不覺悟，佛陀也幫不了忙。」

107 思想要除舊布新

二〇〇六年二月十二日晚，大師應邀出席在台北道場舉行的「北區各道場新春普茶」。

大師說：「過年要除舊布新，思想上也要能『大死一番』，所謂『過去種種譬如昨日死，未來種種譬如今日生』，過年要有新氣象，更要有新思惟、新觀念、新方法，要不斷想到：我要更進步、我要更昇華、我要更好一點。

人間佛教，就是一切佛法；一切佛法，都是人間佛教，因為佛陀是人，佛陀為人所說的佛法，就是人間的佛教。」

108 老人是寶

二〇〇六年三月一日晚，大師應邀在西來大學開設的「遠距教學」課程中，主講「佛教對社會問題的看法」。

針對現今「高齡化社會」提出看法，大師說：「社會問題很多是大家共同遭遇的困難，一時無法解決，但大家要自許成為一朵淨蓮，能出汙泥而不染，不與社會諸多問題共舞，不要成為問題的一分子。

以『高齡化社會』而言，『老人是寶』，老人的體力、眼力等各方面功能雖然退化，但擁有豐富的人生閱歷，可以做為後代學習的榜樣，所以要把智慧、經驗傳承給後代。

而老人本身最需要的是親人的關懷與精神上的支持，家人應多陪同說話，而不只是定時提供足夠飲食物品。老人自己也要自我肯定，做自己的主人。退休後，要能退而不休，創造生命的第二春天。

青春不是年齡，而是心境，老年是自然的生命過程，無須害怕，保持心境的年輕，就能過一個充實、快樂的晚年生活。」

109 活到老，學不了

二〇〇六年五月二十五日上午，由佛光會中華總會與中央大學圖書館聯合主辦，在桃園中央大學大講堂舉行「人生是一部大書」講座，邀請大師與中央研究院副院長曾志朗，先後從自身經驗開始，暢談人生這部大書。講座由圖書館館長李瑞騰擔任主持人。

大師說：「青年學子要像『海綿』一樣，不斷充實進修，向外尋求知識、向內探求智慧，讓自己言行一致、內外兼修。中國有句話『活到老，學不了』，正說明了『人生是部大書』的道理，學有所長，將專長貢獻於社會。研讀人生這部書，讀得好可成聖成賢，讀不好則可能危害社會，即使不能成為聖賢，至少要求當個好人。

或許有些人埋怨為何不是出生在富貴人家，但我卻慶幸自己生長在貧困之家，所以能有好的福分可以出家。入佛門後，我不斷讀書、寫文章，以文化方式來弘揚佛法；一生最大的願望就是『把和尚當好』，透過宗教力量來推行社會教化工作。」

「我一生中沒領過一張畢業證書，但除了吃飯睡覺之外，很多時間都在讀書。對我自己而言，社會就是學校，每個人都是老師。如果我是教育部長，我會要求每位學生學習如何掃地倒茶、如何做人處事，讓一切從生活基礎做起。」

大師強調，學習應從掃地倒茶開始，不要輕視生活的教育。

110 一切自在，能度一切苦厄

二〇〇六年七月二十五日晚上，大師在傳燈樓會議室，與參加「國際傑出青年英文禪學營」的青年接心。

大師關心大家從不同國家來到台灣，要適應不同的文化、氣候、風俗、語言等辛苦，並回答大眾提出的問題。

大師說：「一切事物各有其性，人也有性能，要發展自己的性能：『能放能收、能早能晚、能進能退、能大能小、能飽能餓、能前能後、能有能無』等；尤其要肯定每個人都有『成佛』的可能性，要善於運用自己的性能，擅用自己的專長。比如，喜好音樂者，可為佛教編纂《世界佛教音樂大全》，對佛教必定是很大的貢獻。」

學員問及「如何開悟？」大師舉蘇東坡與佛印禪師的「牛糞心」及「一屁打過江」的公案說明：「禪是體驗的；心是佛，看人都是佛；說者容易，實踐較難。禪不是知識分別，禪本來如此；開悟要用心參究。」

「要化解生活的困境，必須多親近道場、多讀書、深入佛法及經藏等，不被境界所轉，就會有力量。平時要能學習觀自在，觀人、觀事、觀地、觀自己都自在，就能度一切苦厄。」大師如是提出「一切自在，就能度一切苦厄」的般若生活觀。

111 以忍見菩提

二〇〇七年四月十一日上午，大師應邀到重慶華岩寺，為當地三千名信眾及唯一的四川佛學院師生、信眾講說「以忍為力」。

大師說：「『忍』能認清世間、出世間的真相，進而施以因應之道，是一種無上的智慧。一般人以為，忍就是打不還手、罵不還口，對違逆之境硬吞、硬忍耐。其實，忍並非懦弱、退縮的壓抑，而是一種忍辱負重的大智大勇，是能認識實相、敢於接受、直下擔當、懂得化解的生活智慧。」

大師進一步闡述忍有四種智慧：

一、忍是認識：對每個當前所面臨的好壞境界，先不急著做出反應，而能靜心、冷靜思考，其中的是非得失、前因後果都清楚「認識」，才足以生起「忍」的智慧與力量。

二、忍是接受：認清世間的是非善惡、憂悲喜樂，更要學習放下，坦然接受。好壞、冷熱、飽餓、老病、榮寵怨恨、有理無理、快心失意事都要能接受；

接受得了，才有心思尋求解決之道，善因好緣就會隨之而來。

三、忍是擔當：很多人因為擔不起「輸」，擔不起汙辱，擔不起逆耳的一句話，甚至擔不起別人太好，天天在嫉妒瞋火裡面討生活，怎麼不把功德、不把好因緣統統都燒盡了呢？當有人對我們惡口毀謗、無理謾罵的時候，能夠默然以對，以沉默來折服惡口，才是最了不起的承擔和勇氣。

四、忍是化解：苦的要化解，才能轉苦為樂；樂的也能化解，才能增上。順逆之境懂得處理、運用、化解，就是一種忍的功夫。你看，水受熱便轉為氣體，水蒸氣遇冷又轉成雲，那是因為水能「化解」外境的壓力，才能隨緣變化。綜觀人類社會，從游牧社會到農業社會，到工商業社會，再到現在的資訊時代，也是因為人類能「化解」大時代的種種變遷與考驗，才能不斷向前，走出新路。

「最高深的『忍』是見性的菩提，是從各種生活的諸多境遇中，淬鍊出來的生存力量，從中認識宇宙人生實相的智慧。

人要活著，就必須以忍處世，不但要忍窮、忍苦、忍難、忍飢、忍冷、忍熱、忍氣，也要忍富、忍樂、忍利、忍譽。以忍為慧力，以忍為氣力，以忍為動力，更發揮忍的生命力。」大師提出「以忍見菩提」的甚深法義。

112 進退是人生全貌

二〇〇七年十一月三日上午，大師在蘇州嘉應會館，遇見前來參訪的上海信徒，隨緣與大眾接心講話。

大師說：「人生誰大、誰小，誰高、誰低，誰有用、誰無用，很難評斷。例如：五官的眼、耳、鼻、口、眉毛，誰最重要，不一定。從『五官爭大』的譬喻故事，我們可以知道，無用就是大用。」

接著再以「農夫插秧」為例，「**人生固然有前面的世界，但別忘了，還有後面更寬闊的世界**。**前進是人生，退讓也是人生**，在人間只要能夠點綴、美化社會，對人有些微的貢獻，就是有用。」

113

步步踏實，才易有成

二〇〇八年一月三日，
大師於佛光祖庭宜興大覺寺，為全體大眾開示。

大師說：「修行是自己的事，不須故作姿態，步步踏實，才易有成。有理想的人，知道凡事從小事做起。學習養成自學的功夫，懂得自我培養道業、學業及事業。做人要發心、要耐煩、要謙卑、要持之以恆。做事不怕忙，忙才有成就。現今社會重視的是學力而非學歷，只要肯做，就會有善緣。」

114 學習看見自己的缺點

二〇〇八年四月十日下午，大師至宜興佛光祖庭大覺寺巡視，為監寺慧倫法師等住眾開示。

大師說：「每個人都要做好知客的工作。接待遠道而來的客人，須給對方二十分鐘的休息及準備時間，再開始安排行程。等大覺寺落成後，被邀請來參加會議的客人，要分上下座；平時來拜佛或參加法會的信徒，不分上下座，以先到為上；在寺院裡，人人平等，無分貴賤。法會前的準備工作，必定繁瑣、忙碌；倘若懂得工作即修行，自不會在其中生起煩惱。因為，忙就是營養，忙是生命存在的價值，忙是人生的意義。」

大師又說：「面對人生的橫逆、面對現實的社會，禁得起風雨吹打，能夠乘風破浪，自能成熟心志。人最大的缺點，就是只看見他人的錯誤，看不見自己的過失。因此，每天要記錄自己說過的三句好話、做過的五件好事、所做的一件歡喜之事。訓練自己不自我標榜，多講常住、講佛教、講未來、講大眾的事；『以眾為我』的思想，不僅是學習謙卑的美德，也能獲得好人緣。」

115

放下，有滿滿的歡喜

二〇〇八年七月十日，
一位楊居士特地從日本來到佛光山拜會大師。

有位楊先生非常仰慕大師的書法，想向大師求一幅字。大師一向與人為善，於是送他一張「放下」的一筆字書法。

想不到楊先生看到這兩個字，顯得不怎麼高興地說：「人生若『放下』不就什麼都沒有了，太消極了。」

大師告訴他：「不放下也可以，你出去旅行不都是帶著一個皮箱嗎？你可以不把它放下，就往身上背吧。回到家吃飯，也要背在身上，免得小偷偷走；到廚房裡拿飯菜，也不能放下，萬一給人家拿走了，你損失很大呀！」

楊居士一聽若有所悟說：「這麼說來，不『放下』確實也不好。」

大師又說：「人生如同皮箱，要用的時候，當提得起；當放下的時候，你要放下。提得起放得下，提放自如，才是人生的自在。當提起時不提起，喊破喉嚨也沒有用；當放下時不放下，背在身上豈不負擔沉重嗎？尤其世間的煩惱是非，種種鬥爭、毀謗、中傷、難堪，你若不放下，只有自我痛苦；讓你『放下』，是給你歡喜，給你自在啊！」

楊居士至此領悟了，原來「放下」才能有滿滿的歡喜、自在。

116 天晴要備傘

二〇〇八年八月十八日，佛光山時正舉辦「青年夏令營」。

傍晚藥石過後，青年們三三兩兩的在大雄寶殿的長廊跑香。有位男眾青年看到大師，於是衝上前去，請求大師開示。

青年問大師：「人生的道路起起落落，就像潮水，潮起潮落；自己的內心也一樣，有時堅定，有時怯懦。該如何學習沉潛？如何奮發向上呢？」

大師對這位青年說：「其實你已經很懂得人生的道理了，知道會起起落落；既然了解了，自然會明白如何去調適和解決問題，為何還要再問我呢？」

大師見這位青年求法心切的樣子，當下也就慈悲的給予一些在人生道路上，面對抉擇時應該有的正確觀念。

大師說：「天晴時要備傘，怕下雨；大白天要帶上手電筒，因為黑夜會來臨。當『有』的時候，假如沒有考慮到『沒有』，到了困難發生，就只能束手無策，所以人生『豫則立』，在有能力的時候就要有所準備；反之，有能力時不做準備，遇到困難時後悔也來不及了。」

大師進一步開示道：「『豫則立，不豫則廢』是人生重要的觀念，能如此，即使碰上有起伏，也就沒有什麼可害怕的了。太陽下山了，明日還是會從東方升起；冬日的草木枯萎了，春天來臨時一樣會繼續生長。這是大自然的現象，也就是沉潛、起伏。」

大師最後說：「你要知道，只要懷抱希望、樂觀的態度，就能衝破黑暗，迎向光明；能走過崎嶇，平坦的道路就會現前！千萬記住：凡事不洩氣、不氣餒，抱著勤勞努力、奮鬥向前的信念，必定有再起和成功的機會。」

117 做心田的園丁

二〇〇八年十月七日上午，
大師在法堂會議室與書記室全體書記接心，針對各自負責之文稿給予指導。

大師開示：「學習要有計畫、要能成長，如同在田地裡耕耘、播種，如果把種子播撒在地面上，鳥雀一啄，就沒有了；如果這塊地堅硬不堪，即使播了種，也無法生根萌芽；或是地上雜草叢生，禾苗便不容易長起；唯有把種子埋在肥沃的田地裡用心耕耘，才能結果。每一個人都是自己心田的園丁，要靠自己用心去開墾、去耕耘，才能讓田地肥沃，結出碩果纍纍。

同事、道友之間，彼此在思想上要相互研究、提問、發表意見，以開拓見解，增強對事理的認識和看法。」

118 你要做哪一種人？

二〇〇九年一月十八日，有位徒眾到法堂請示工程問題。

離去前，徒眾忽然問大師：「有人說做人難，人難做，難做人。請問師父，您做人有什麼妙訣嗎？」

大師回答他：「關於做人的妙訣，我有我做人的妙訣，你必定也有你做人的妙訣。你既然做了人，你不懂得人的行為，不懂得人的道德，不懂得人的慈悲，不懂得人的修養，那做什麼人呢？」

大師接著說：「在這個世間，江洋大盜是人，偷雞摸狗的是人，到處侵犯人家、招搖撞騙的也是人。但是，也有樂善好施的人，修橋鋪路的人，專為人間造福、給人方便的人。最重要的是，你要做哪一種人呢？必須要自己認真的思考。」

119 苦練是贏球的祕訣

二〇〇九年二月十六日上午，佛光大學及普門高中女子籃球隊將參加「九十七學年度大專及高級中等學校籃球甲級聯賽八強複賽」，大師特於賽前，在台北道場八樓佛光會會議室為全體隊員開示「贏球的祕訣」。

大師說：「打球，就是為了求勝利、為贏球，欲達到此一目標，必須具備許多的因緣、辛苦與條件，才能實現。努力有分程度，做三分、八分或者十分努力，結果必是不同。

運氣不完全憑空而得，球隊的小心謹慎、技巧，以及對敵我狀況的了解，也會影響運氣的好壞。有時必須與比自己更強的隊伍比賽，藉此鍛鍊球技；要懂得運用四兩撥千斤的巧勁。開球後的前十分鐘一定要領先對手，打得手風順了，運氣將會隨之而來。教練有時會在比賽中替換場上的選手，被換下來的人不可以有情緒，要配合教練的安排指示，同時反省自己的缺點，尋求補救之道。」

大師又說：「平時即應養成有『鬥志』的精神力，並非比賽前才喊口號；

於球場上有拚命、豁出去的勇氣，就會有力量。平時要下工夫苦練球技，以罰球為例，十球能進八至九球才算真技術；練就『心到神至，物隨心轉』的本領。苦心苦練，自己就是自己的貴人，要有『不成為球場上的風雲人物，誓不罷休』的決心和魄力。」

120 修行冷暖自知

二〇〇九年五月二十四日下午，大師在傳燈樓客堂會見教育部次長林聰明伉儷、淡江大學校長張家宜，由南華大學校長陳淼勝，執行董事依空法師陪同。

大師開示說：「修持解行並重很重要，過程中的感受『如人飲水，冷暖自知』，要在體驗之中慢慢昇華。

佛光會提倡三好運動——身做好事、口說好話、心存好心，勉勵我們身口意都要修持善業；一個人每天要說三句好話、想三個好人、想三件好事，想好就會做好。

很多人問我是如何管理佛光山的，其實真正的管理就是不管理，無為而治，自己管理好自己。」

121 活到老、學到老、做中學

二〇〇九年六月十三日上午，大師接受高雄中山大學文學榮譽博士學位後，隨即於逸仙樓為該校三六一九位畢業生開示。

大師以四點勉勵畢業生，不論未來是升學或是就業，要活到老、學到老、做中學：

一、給人接受：人我相處，最重要的就是讓人接受。自我表現的態度、動作、眼神、言語，都要學習讓人接受。倘若對方不接受你，即使再好的學問，再出色的技術，也無法獲得人緣。

二、學習忍耐：要訓練忍耐的力量，對於外境能夠認識、接受、承擔、負責、化解、去除，進而修學生忍、法忍、無生法忍。把忍的功夫轉化成為力量和智慧，忍始於口，進而忍於面，後忍於心，心中不計較。

三、學習勤勞：「勤有功，戲無益。」就算黃金隨著潮水流下來，也要伸手去撈才能得到。

四、懂得慚愧：我曾建議一位普門中學的教師，以「向孩子慚愧、懺悔」的方式，化解孩子挑食的習慣。一般人往往有「自以為是」的毛病，學習慚愧、改過才是最偉大。

122 有計畫就有前途

二〇〇九年七月六日上午，「香港佛教學院第十六、十七期參學團」二十位學員在妙浩法師帶領下，回總本山參學，大師應邀在傳燈樓會議室為大眾開示

大師以早期在香港弘法的虛雲、靄亭、倓虛等大師，以及錢穆、唐君毅、牟宗三、林楞真等學者大德為例，勉勵學員要有「為了佛教」的使命感。

大師說：「為了佛教，要有使命感，要自我期許能擔當宣揚教法的大任，要將佛法與中華文化普及於世界，如太陽、空氣、大地、海洋一般，在每個角落發揚光大。

人生要懂得『選擇』，知道自己『將來要做什麼？』未來的出路掌握在自己手中，對自我的人生要有計畫，有計畫就會有前途。

人生要為真理而活，要依正派而活。心要擴大，心大不是吹氣將心吹大；心大要靠養成、要立志、要發心、要立願。心如田地要開發，才能碩果纍纍。

學習的階段，要受得起打罵，能夠不忘初心，一切想當然爾，自能得到天龍八部的護持。」

123 不斷突破自我

二〇〇九年八月三日，大師於台北道場宗務堂與服務於國際佛光會的徒眾接心。

大師說：「弘法要以服務為主，要做義工的義工，要能愛護信徒。要會知人、識人，看人要看多方、看多面，不能只看片面、看表面，如此有失客觀，也顯得眼光短淺。」

大師又說：「真正的認真，是要以智慧為思想主軸。懂得『表現』，自覺有大用，不斷突破自我、革新陋習，才會有未來。」

124

做自己的醫生

二〇〇九年九月五日，
大師關心在如意寮養病的徒眾，特地把他們集合到法堂開示。

大師說：「人都會生病，身體有病了，醫生可以給予治療；但是，我們的心理上有病，自己卻不知道，甚至不敢承認自己有病。即使是醫生，也未必能夠如你自己一般，那麼了解自己那些微細的毛病，唯有自己才能知道，所以我們要做自己的醫生。生理的疾病，可以用飲食、運動、生活作息的調整等方法來改善，假如是心理的毛病，那就比較麻煩了。首先，你要承認自己有心理的毛病，並且要有很大的勇氣、很大的決心、很大的魄力，才有可能把心理的毛病完全去除，或者至少做一些改善。」

大師又說：「心中的不平、怨恨、懷疑、貪欲、瞋恨、愚癡、不滿足、放不下、計較……都是人心理的毛病。這許多的毛病，如果叫別人幫你治療，可能不容易；你自己也會不服氣，認為人家對你不友善，說你這樣、怪你那樣。

很多的人我是非，你要能看得破、放得下，不比較、不計較；只要心中坦蕩，不必將外在的事事物物看得太過嚴重。我們不要被外境所騙，為了一句話就寢食難安，為了一件事就放心不下，生活就不正常。

最後大師勉勵說：「想要擁有身體上的健康、心理上的健康，就是做自己的醫生，讓自己能夠自我改善，增加自己幸福的能量，增加自己的喜悅快樂。」

125 善法欲 多多益善

二〇〇九年十一月二十八日，大師在深圳香海苑隨緣為前來的信徒開示。

大師說：「四季有春夏秋冬，人生有生老病死，世界是循環的，身體是物質的，所謂『一江春水向東流』，過去了還會再回來，生命是不死的。一時遇到挫折困難，不要失望，還會再起。」

信徒問：「自己也有苦惱，如何再幫助別人解決煩惱？」

大師說：「煩惱從『我執』生，不以自我為中心，常想如何讓人接受，慢慢能去除執著；人生像皮箱，當提起時提起，應放下時放下。能夠視『壓力』為想當然爾，就能禁得起磨難，適當的壓力，能夠開發內心的潛能。」

信徒問：「人有煩惱是因為有欲望，欲望是對還是錯？」

大師說：「欲望有善有惡，善法欲多多益善。好比說我要努力、我要對你好，甚至我要發財、要成功，只要不侵犯人、不是非滋事。但也要衡量自己的力量，實事求是，以免落入妄想煩惱。」

126 做一個點燈的人

二〇〇九年十二月七日，大師於台大國際會議廳與台大師生暢談「我的學思歷程」，講座主持人為台大校長李嗣涔。

大師藉由自己人生八個階段「成長時期」、「學習時期」、「參學時期」、「文學時期」、「歷史時期」、「哲學時期」、「倫理時期」、「佛學時期」，以深入淺出的佛法為學生解惑，回答學子提問的生死、愛情、我執等問題。

大師說：「走過這八個人生時期，接下來我要繼續推動人間佛教，弘揚佛說的、人要的、淨化的、善美的，讓佛法融入生活。生命是圓形的，而非直線，有生必有死，所以生不必喜、死不必悲。我從年少弘法迄今，一路走來，不只一人做五人的工作，更期勉自己要活出『三百歲的人生』。」

「不要怕辛苦，凡是能對社會大眾增加善美的好事，都要有捨我其誰的勇敢；能做一個為別人點燈的人，自己的人生必然也會無限光明。」大師如是期許青年學生。

127 學習吃虧有善因緣

二〇一〇年一月二日晚上，大師在傳燈樓集會堂，為「寺院生活體驗營」學員及佛光山叢林學院學生三百多人開示。

學員提問「因果」、「出家」等問題，大師說：

「人生有許多無法選擇的事，如父母、性別、長相、國籍等；但我們卻可以選擇自己是要聰明或愚笨，也可以選擇愛情的對象、從事的職業、物質的生活，甚至選擇合群或孤獨、討便宜或吃虧等。但是這一切，都是要看自己是否肯發心、勤勞、努力，看自己的因緣條件而定。

所謂『善惡有報』，善惡因果不能只看一時，而是通於三世。有的人今世行善，但前世行惡的業報現前而受報，就如往昔所積的債務，不能不還；有的人今生行惡，但前世累積的善緣現前，猶如在銀行有存款，不能不准他提取。」

大師又說：「學佛不一定要出家，出家也要有出家的性格，例如對世間一切淡泊，不慕名利，希求出世的精神；出了家，就要禁得起種種磨鍊，把苦難化成力量，行佛道上，才能逐步增進。出家須有福德因緣，出家的條件就是要具足『信心』。信仰佛教有不同的層次，有的人信佛，有的人拜佛，有的人求佛，有的人行佛，重要的是心中要有佛。慈悲沒有敵人，與人相處懂得善用慈悲，就能化解紛爭；學習吃虧，自會有善因好緣。」

128 認錯會找到自己

二〇一〇年一月八日晚上，大師在彰化福山寺會議室，為人間大學媒體傳播教育學苑學員、彰化地區佛光青年等百餘人開示。

大師說：「奧林匹克的精神，是追求更高、更快、更遠的境界；媒體工作亦然，要快、要新，內容要有知識性，讓大家不出門，也知天下事。社會上，殺人、偷盜是有形的利器，是對少數人的傷害；媒體記者的筆卻是無形的殺人刀，可以殺人無數。媒體應為教育機構，提供民眾工作、讀書的消息及資訊，傳播做好事、說好話、存好心等人間真善美的報導。」

大師又說：「人生的成就，唯靠自己勤勞奮鬥、發心立志、克勤克儉及忍耐。凡事有恆心、肯深入，自有奮起飛揚之日。此外，要有創新的思惟，思想、智慧、靈巧很重要。

學問，要學就要問，要勤能補拙；即便是沒有老師教導，也可以透過自問、自答、自修的方式，以聞思修，進入三摩地。

假若事事只看到他人的缺點，見不到自己的錯誤，難以找到自己。認錯會找到自己，找到錯誤愈多，發現自己就愈多；皈依也會找到自己，心中有佛，就能找到自性。」

129 以聞思修入三摩地

二〇一〇年一月十五日晚上，大師於佛光祖庭宜興大覺寺與全體住眾接心開示。

對於目前正在工程中的大雄寶殿，大師說：「大覺寺是大家法身慧命的依止處，對於大雄寶殿的工程要多加關心。人必須活在希望、信心裡，對於常住要有信心，要有忠誠，就能將常住視為安身立命的場所。」

大師又說：「人生要學習的很多，但首要的是學會做人。做人最重要的是，凡事不比較、不計較、不與人對立，具慈悲心、包容力，再者，還要學會給人接受。如何給人接受？勤勞、守法、尊重、作息正常等，這就是行佛，就是修行。」

「佛教講『從聞思修，入三摩地』，以聽聞、思想、實踐，而能進入到知識真理的道路。因此，大家要多讀書、多思惟、多用心。」大師如是勉勵大家。

130 心量廣大世界就大

二〇一〇年一月十九日晚上，
大師於佛光大學與佛教研修學院全院師生一三〇人接心。

心量廣大、眼光長遠，我們的世界就會大、就會遠。大師以四點勉勵大眾：

一、不為金錢所難：人生的富有不在金錢多寡，而在歡喜、正見、智慧等，具足者就是富有之人。

二、不為愛情所苦：男女談戀愛很正常，但要理智的愛，也要學習將私愛擴大，去愛大眾、愛佛教、愛信仰。

三、不為課業所惑：課業學習要多用心，讀書要多思考，勤作筆記，會抓重點，久而久之，自見功效。

四、不為前途掛念：對於未來的前途要立下方向，佛教需要人才，佛教學院畢業後就是一個機會，未來希望無限，前途一片光明。

131 觀照自己在不在

二〇一〇年三月二十五日上午，
大師在宜興佛光祖庭大覺寺與第四期培訓班十三位同學接心。

大師希望同學們知道珍惜因緣福報，並一一為同學們解答關於人生、未來、學佛、家庭、事業等方面的問題。

大師說：「如何守住道心、不退道心？在做決定之前可以猶豫，但一旦做出決定，就不要再三心二意、不要回頭，要『一諾千金』。以一個女孩子來說，十八歲考上大學以後就可以談戀愛，看看是否找到合適的人，進入婚姻家庭。一般而言，幸福的婚姻只占二成；二十二歲大學畢業後進入社會工作，看自己是否能建立自己的事業，獲得經濟的獨立。到了二十八歲，如果既不能走入婚姻，又不能在事業上有所成就，獨立自主，就需要轉換道路，找尋一個團體，加入集體創作，為自己的人生找到一個依託、出路。」

大師又說：「一個人不一定要聰明，但是要有忍耐的力量，有耐力、勤勞，肯發心，不推諉、肯擔當，鍥而不捨，福德因緣自然會成就你的人生。生活裡要學習『觀自在菩薩』，就是『觀照自己在不在』，人在、心在嗎？心在，可是不耐煩，就不自在；觀人、觀時、觀境界、觀因緣都自在，就能把心塑造成一尊『觀自在菩薩』。」

132 貴人是自己

二〇一〇年四月二十七日，大師在宜興佛光祖庭大覺寺為第四期培訓班同學及住眾開示。

如何安排自己的人生，以及如何培養好的因緣。大師說：

一、要給人接受：如勤勞、服務、微笑、禮貌、專長、合群、不鬧情緒、不古怪、不計較等。

二、要會選擇：父母生養我們，這由不得自己選擇；但現在每個人可以選擇自己的學校、工作、信仰、前途等，因此不要選擇錯誤。

三、要發揚自己天賦的本性：如慈悲的性格、勤勞的性格。

四、要做自己的貴人：能認識自己，就找到貴人了。

五、學習往好處想。

「好的因緣也要有好的性格才能留得住，你不勤勞、不結緣、不認識自己，貴人即使在眼前，你也不識得！」大師如是教導大家，如何開創美好的未來。

133 有書法就有佛法

二〇一〇年五月八日上午，大師應邀出席於台北國父紀念館舉行之「人間三好・社會公益——星雲大師一筆字書法展」開幕典禮。

大師致辭表示：「我童年時家貧，只想到有飯吃就好，當然家裡也沒多餘的錢供我讀書、寫字。出家以後，生逢戰事，寺院生活也艱難，更不用說有錢買紙筆寫字。青年時期，有一點錢，可以買紙筆寫字了，但是為了佛教的弘法工作忙碌，也沒辦法安定下來寫字。

到各種基礎都有一點，自己可以作主抽出時間來寫字，卻因多年糖尿病的影響，手開始抖了，甚至拿原子筆、鋼筆都沒有辦法。後來有一位信徒拿了一公斤重的筆給我寫，以為重量可以穩定，結果還是不行。慢慢地，從十多年前開始，眼睛漸漸看不清楚，但想到還是要寫字，我把它定名為『一筆字』，因為橫豎看不清楚，一筆下來，能完成、不能完成，都隨它去了。

從去年開始要認真寫字的時候，大概十張紙，總會有一、兩張，徒眾會跟我說寫歪了、斜了、偏左了、偏右了，我就很注意平衡。寫到今年，是能寫得一點一筆正下來，但自己看不到寫得好不好、正不正確，於是常常問旁邊的人，有少一筆、少一點嗎？不過即使少了，我也沒有辦法去點，這張紙就作廢了。但這種例子，百分之中難有一、二。我一生無論做什麼事，就是勇往向前，不會猶豫。

過去有一個剖心羅漢把心剖開來給人看，可是我不是羅漢，沒有神通，心也挖不出來。不過，人總有歷史，總有過去。我一生的歷史，一般人都不太了解。我自己本身很少在社會上活動，也不喜歡常在大庭廣眾中露面，今年八十幾歲，已經見過多少場面，但至今還是怕羞、膽怯。所以現在裡面（台北國父紀念館）的字，自己也掛念是否能見人？不管如何，各位不要看我的人，也不要看我的字，甚至不要看我的心，要看佛法。如高希均教授剛才所說：『有書法就有佛法。』」

134 自己要下工夫才有未來

二〇一〇年六月六日晚上七時，
大師在傳燈樓會議室與本山男眾徒眾接心。

大師說：「出家十年、二十年的都不容易。想到釋迦牟尼佛五載參訪、六年苦行後成道，難道我們學習當一個佛教布教師、一個發心菩薩有這麼困難嗎？要學習一些擔當，總不能只是做環保、行堂，要做法師、要做主管。你們都是人才，要珍惜，不珍惜就會變成可惜。假如你說自己是很本分、老實、誠實的修行人，但本分也要能幹、要能擔當。

如何自我提升？一、佛教的書籍、正派書籍，每天至少讀二至五萬字；二、寫感想、建議，不管寫得好不好，每天至少五百字；三、常住上的公務，典座、行堂、早晚課誦等，必定守持，讓大家接受，不偷懶，不藉故原諒自己；四、一年一定要通達一本經、一本論；五、一年一定要找比自己好一點的師兄，向他們問道。」

大師又說：「做一日出家人，就要有一日的使命感。要發心，發心則無事不辦，不發心事事無成。要打好基礎，培養福德因緣、恆心耐力。聲望不是一日就能建成，歲月才能使人長大，你有再好的條件，也要有足夠的時間，人家才服氣。此外，五堂功課很要緊，五堂功課都不熱心，還談什麼修行？一個人要能拜佛，半個小時二十四拜，常常拜可以增福增慧，自己要有話跟佛陀說。」

「我從幼年出家就想到救佛教。你們有想到救佛教、救常住、救自己嗎？男眾要看到未來，自己要下工夫。世間上每一個人，只有自己救自己，靠別人很難。」大師如是勉勵。

135 認錯能解決問題

二〇一〇年九月十四日，大師至瀋陽弘法，安單於皇朝萬豪飯店。應總經理李忠信之禮請，為六百餘位員工開示。

大師談及一生中曾有多次飢餓的經驗，因此台北普門寺落成後，規定每天備辦兩桌飯菜給人吃飯，不問姓名，給人方便。

大師說：「吃，不只吃美味，還要重視環境、微笑、親切態度、語言、讚美，讓人吃得身心舒暢。」

對於現代人「理」太多，反而變得沒有理，大師認為：「承認自己無理，學習多點慈悲；懺悔是認錯，是美德、勇敢、道德，認錯能解決問題。」

136 做人要像月亮圓滿

二〇一〇年九月二十二日晚上，大師在佛陀紀念館菩提廣場，出席由都監院舉辦的中秋賞月活動，有本山徒眾、員義工等近千人參加。

以「月亮」為題，大師說：「關於月亮的神話很多，雖是神話，然而它也是人的思想，是一個民族的起源，與人的文化、生活息息相關。不管神話的真假，總之在我們心裡，月亮是很美的。月亮為什麼讓中國人著迷？因為人總希望自己的人生能如月亮般圓滿。

然而，追求圓滿只是一種想法，事實上人生並不完全是圓滿的。例如世間上，有的人性格圓融，有的人過於『方正』，佛教認為，『方正』就是一種剛強的執著，需要再學習『柔軟的方便』，如此才能圓融、自在。世界不是一個人的，更不是只有人類的存在，而是四生九有的聚合；沒有一切眾生的成就、幫助，個人即無法生存。所以，有情無情『同圓種智』，彼此要融合無間。」

137

感謝你的對手

二〇一〇年九月二十七日下午，
「第一屆佛光盃國際大學女子籃球邀請賽」於佛光大學懷恩館舉行。
大師應邀觀看韓國水原大學與佛光大學比賽，
並於中場休息時，為觀賽者及各隊球員開示。

大師說：「為什麼我倡導籃球運動？因為籃球運動是一個最仁慈、最有愛心、最慈悲的運動，它訓練一個人勇於認錯的勇氣，一旦侵犯到別人，就要認錯、舉手、向人行禮、鞠躬。

籃球是一個團隊的運動，甚至我們要感謝對方，因為有對手，我們才能打球，而不是將之視為敵人。

在球場上，每一個球員都要勇往向前，奮不顧身，為了一個理念、為了一個勝利、為了一個團隊，要有這種奮勇向前、奮起飛揚的精神、決心。而我們觀賽的人除了為贏球的人鼓掌，也為輸球的人鼓掌，這是很有風度的精神。」

138

忍是千錘百鍊

二〇一〇年十一月一日上午，
基隆靈泉禪寺傳授「護國千佛三壇大戒」，恭請大師擔任得戒和尚，
大師應邀前往，為四百餘位三壇大戒戒子開示。

「出家後應該學習什麼？」大師說：「一要忍耐：忍，不是『忍一口氣，風平浪靜』，而是能禁得起『千錘百鍊』，要『難忍能忍，難行能行』。二要勤勞：把修行、勤勞、服務、忙碌，看成是自己的修行、修養、入道之門。三要慈悲：溫和、有威儀、服務、待人好，能擔當種種的辛苦與犧牲，都是慈悲。『慈』是給人快樂，『悲』是救苦救難，能給人快樂、救苦救難，就是有慈悲心。」

「每天記錄自己做到多少慈悲、忍耐與勤勞，一生只要記錄這三件事，做得愈多，成就愈大。」大師如是勉勵新戒。

139 要養成顧念別人的習慣

二〇一〇年十二月二十四日晚上七時，大師於佛光祖庭宜興大覺寺，與大覺文化培訓班學員接心。

大師說：「什麼是慈悲？如何實踐慈悲？做到『人我互換』，想到『假如我是你』，就是慈悲；人可以什麼都沒有，但不能沒有慈悲。不論做慈善、行善，都要有慈悲心，要思考是否會給人家麻煩、打擾，給人不歡喜，要培養一顆慈悲心，養成顧念別人的習慣。就像做慈善，不能利用別人，抬高自己，慈善，人人能做，但不一定能說法、弘法。佛法不是人人能接受，要有大善根、大福德因緣。」

140 五個錦囊

二〇一〇年十二月二十五日上午，
大師於佛光祖庭宜興大覺寺與徒眾接心。

大師說：「一個人修道或出家，要經過千錘百鍊，千生萬死，要能『忍』。一個出家人在成長階段，從二十五歲到四十多歲的十五至二十年，必然有很多的難堪。沒有難堪，不名為出家人，這就是修道。要能接受挫折、打擊和挑戰，才叫做修行。

我無法保證你們的出家生活一定能夠一帆風順，所以在難以忍耐的時候還是要忍耐，才能有所成就。一個人修行要自覺，要自我教育，自我成長。在佛門裡，有三等人：打不走的，一等；罵不走的，二等；說好話也要走的，下等。所以心要安住在哪裡？安住在慈悲、忍耐、智慧、無執裡。當提起即提起，當放下即放下。」

最後，大師送給徒眾五個錦囊：「一、忍耐，忍耐下去，道行就會增加；二、再忍耐；如此能『忍』五次，保證你的修行功行會增加五十年。」

141 學道貴在不辜負

二〇一一年一月八日晚上，大師在傳燈樓會議室，為本山男眾徒眾七十人接心開示。

大師說：「一句話可以影響一生，大家都要有『一句話』做為自勉、用功的座右銘。世間上，每一句話都很平常，但若能『回味』這句話、『奉行』這句話，就能受用這句話的不平常。因此要思考，有哪些話值得自己回味？心甘情願、老二哲學、難遭難遇、給人接受、從善如流、三好四給，這些都是平常的一句話，但若真能仔細思考、實踐，乃至把每句話像念佛一樣繫念於心，人生必定快樂、自在。」

大師又說：「大家要自覺，雖未能大徹大悟，但已身披袈裟，至少要自覺。每個人每天都應該『回想』，我覺悟了什麼？禪門有句『不辜負』，要相互不辜負；我不辜負常住大眾，我不辜負我的身分、職務，我不辜負別人，我不辜負自己，我不辜負父母師長、同參道友、十方施主。」

142

「我想做什麼？」

二〇一一年一月二十二日，大師於本山法堂，與自人間大學短期培訓學苑業，並發心於常住服務的三十位學員接心。

大師首先要學員思考「我想做什麼？」

大師說：「在佛光山有很多事情可以做，如文化、教育、慈善、共修、策劃、法務、總務、典座、祕書、翻譯等，但必須具備條件，然後向常住說清楚講明白。對於自己的承諾要負責、真心，不能口不應心。『一言既出，駟馬難追』，不要說空話，說到就要做到。」

大師又說：「學習任何事情，要先學習觀念。做任何事都要提升境界，如過去你把布施當成買賣，現在則改為歡喜、自動、發心的布施，社會也將因為我們的改變而進步。」

接著，大師針對學員的專長、興趣及提問給予開示與指導。

大師說：「從事餐飲，要有志願，滴水坊的目的與原則，是弘法、結緣與服務。吃是藝術，願意給別人吃，人家才會給我吃，世界是彼此結緣的，要發心讓人吃得歡喜。」

學員提問：「如何使父母安心，讓自己在本山學習？」

大師說：「可以跟父母說明自己是來工作，不是學佛、出家。」

學員再問：「在佛光山服務的觀念為何？」

大師說：「一是敬業樂業；二是常想『我是佛光山』，將工作當成家務事，而非上下班。」

143

性格會決定一個人的未來

二〇一一年二月八日下午五時，佛光大學、佛光青年團及「英文弘法核心幹部種子隊培訓班」百餘位青年，於春節期間發心投入本山各單位服務。大師特地於傳燈樓會議室與百餘位青年接心，並對提問一一釋疑。

大師說：「忙就是營養，忙就是快樂，忙就是人生。不論打工或做義工，都很了不起，勤勞的人生很重要。要自我塑造、自我期許。你們可以問自己『要成為一個什麼樣的人』，性格會決定一個人的未來。」接著大師讓青年們提問。

提問：「如何培養自己成為佛教人才？」

大師說：「『沒有天生的釋迦，沒有自然的彌勒。』每個人自己是因，社會大眾是緣，『八分靠自己，二分靠因緣』。不要靠別人給我們，一定要靠自己，發心可以成為人才。」

提問：「佛教對靈魂的看法？」

大師說：「佛教講『心』，人在一天當中『心』多次來回於天堂和地獄。

並以『四個太太』的故事，說明心是永恆的，『亙古今而不變，歷萬劫而常新』，世間上唯有心是自己的，因此要保護、護持自己的真心。」

提問：「佛教對命運的看法？」

大師說：「命運不是上天規劃的，命運操作在自己手裡，一句話、一個念頭、一件事，都能改變命運，因此舉心動念要小心。心能轉變業力，可透過因果觀念、三好運動來管理自己的命運。」

提問：「如何『行佛』？」

大師說：「念佛、拜佛、信佛還不夠，要行佛，學習並實踐佛陀的慈悲、智慧、耐力、示教利喜、無怨無悔。」

提問：「如何把握心的動力？」

大師說：「不忘初心，心甘情願。」

提問：「學習的次第為何？」

大師說：「學習要認真，有機會就學，不能馬虎。『以聞思修，入三摩地』，要諦聽、思考、實踐，才能達到學習的目的。」

「世界是眾緣和合而成，佛陀說『我是眾中的一個』，不要小看自己，要有『我在哪裡，世界就在哪裡』的信心。另外，『心』很重要，讀書、做事、做人都要用心，用心的人會成功，讓人感動。」大師如是勉勵。

144 展現人生的作品

二〇一一年二月二十四日晚上，
大師在傳燈樓集會堂，為全山大眾及各別分院回山徒眾近千人開示。

大師說：「每個人都是藝術家，透過盡心服務奉獻，展現自己人生的作品。『以眾為我，我在眾中』，個人沒有了不起，大眾才是了不起；每個人都是眾中的一沙一石、一顆小螺絲，但不可看輕自己，要有『哪怕我是一滴水，也要與大海互相激盪』、『即便我是一株小花、小草，歷經風吹雨打，依然屹立不搖』的精神與魄力。

有人常說『我沒辦法、我不能、我不會』，這很可惜；不要給自己洩氣，人生為萬物之靈，應有『捨我其誰』的精神，要立志，才不愧為佛陀弟子、臨濟子孫、佛光人。」

「世間無常，春夏秋冬、成住壞空、生老病死是很自然的輪迴；問題是在一期又一期的生命裡，我們如何表現？各人生死各人了，各人吃飯各人飽，要做自己的貴人。學佛要學習靠自己，『自依止、法依止、莫異依止』，佛就是自己，要發掘自己內心的佛祖。」大師如是述說「學佛要靠自己」的佛法真義，勉勵大眾不要看輕自己。

145 微笑，世界最美麗的語言

二〇一一年二月二十七日傍晚，大師至佛陀紀念館巡視，長老慈惠、慈容法師，以及都監院院長慧傳法師和書記數十人等隨侍。

大師說：「日本百年飯店『加賀屋』有一句重要的話，『顧客的批評，就是我們的財富。』有人批評，代表有人關心，要感謝別人的批評。如果只在乎別人的一句話、一個眼色，永遠不會長大。『沒有提婆達多，就沒有釋迦牟尼佛』，面對風雨，承受壓力，才能使人成長。」

大師又說：「大家要學習微笑，世界最美麗的、最為人接受的是微笑，微笑沒有隔閡。學習靈活，讓人稱心如意，滿足別人的需求。沉默很可怕，大家應該要活潑、活躍一點，世界是有聲音、有彩色、有動作的。

修行，要常聽開示，研究佛法，更重要的是改變自己。要懂得『轉』，轉迷為悟，轉愚為智，轉邪為正，不能不辨是非，不明對錯。」

大師也勉勵書記們，要學習「眼觀四面，耳聽八方」，不論閱讀、報告等，要找出重點。做事要重視「結果」，所謂物競天擇，不進則退，大家要重視效率，不要胡混過日子，浪費常住資源。

146 網路弘法的理念

二〇一一年三月十日晚上，大師在法堂會議室，應都監院之邀出席「網路弘法會議」，開示網路弘法的正確理念。

大師說：「在現代社會，網路是不可避免的潮流，網路上的言論不要太計較，我們要有量、能包容。對於網路弘法應該有的理念為一、鍥而不捨：一步一腳印，緊守弘法的目標。二、要一心一意：寫字一心、寫文章一心、建築一心，一直往下做，全力以赴。三、建設網路淨土：對於新時代的東西，是度眾的方便，要與時俱進，用網路為現代人們建設淨土、佛國。」

大師又說：「有批評的聲音不代表不好，對於網路上不實的謾罵，我們要有雅量接受。如果是好人罵我，我要檢討；如果壞人罵我，我不必計較，反而感到光榮。**要有承擔一句話的力量，不因受人攻擊而洩氣，不要因為一句話的批評就放棄理想。**」

147 做事要做出歷史

二〇一一年四月九日上午，
大師於香港佛光道場與徒眾接心。

大師說：「勤奮、用功不是一時，做事要做出歷史，不要馬虎，要耐煩、用功，慢慢才能讓人刮目相看。出家人是萬能的，不會的要學到會，一切都要學習，才能與時俱進，適應時代。」

「佛法不在個人，問題在於大家是否能和眾、安眾，認定自己是眾中的一分子。佛光山是『眾』，要謹記『我在眾中』的觀念。」大師如是期勉。

徒眾問：「如何才會聰明？」

大師說：「被罵、嫌怪、批評以後，還說『謝謝』，並歡喜請教，才會進步。可惜大家沒有這麼做，也沒有建立學習的態度。」

徒眾問：「有妄念該怎麼辦？」

大師說：「能發現妄念已經很好，不念佛不知道有妄想，知道有妄想就是進步。透過自我覺省、擴大、成長，妄念自然會慢慢減少。」

148 不妒人有

二〇一一年四月二十四日，踏入社會不久的青年王保維參加中華佛光青年總團舉辦之「就業海闊天空」活動，向大師提問。

問：「在公司裡，若遇有人升職，在同事間往往聽到的不是祝福，而是不以為然的音聲，應該如何用正確的方式，面對他人的成就呢？請大師開示。」

大師說：「現在的人，誰有富貴就批評他；誰有錢財就批評他，把人性、心地之壞，說得透徹一點，例如，聽到某某人升官了，應該要想『太好了』，但是有人卻會想『他憑什麼升官？』像現在，政壇上那麼多人發表做部長，這當中適合、不適合有很多見解，我們沒有反對的成見，但是在他們同儕當中，也是會有人心想『他憑什麼，算什麼？』」

大師再舉例說：「有人工廠愈來愈發達，我們替他高興、真好，但偏偏有人就會說『真奇怪喔！』看起來好像他不是批評的，但這酸葡萄心理，從這一句話裡面就傳出來了。所以我觀察一個人，他的出言吐語，在我心中都有標準。

比如，王教授最近討了一個很漂亮的妻子，有人就會想：『他那個窮光蛋，哪有女人會愛他？』這個心理是不平的。所以，我們要弘揚佛法，就是說好話，做好事，從心裡建設、心裡淨化做起，若心裡不改變，這個社會都有問題。」

大師最後說：「能夠『不妒人有』，真心誠意地為他祝福，為他感到歡喜，這就是『隨喜功德』，不但能長養自己的道德，更能增加自己的福德。所以佛法裡面，這個『不妒人有』不容易。」

149

自我訓練

二〇一一年六月十日，
大師在蘭陽別院與宜蘭地區徒眾接心。

大師指導弘法：

一、一週一次自我訓練：邀請老師來講課，如國際禮儀、社會常識、時代觀等，要開拓頭腦，如果沒有師資，要自我檢討，從國際資訊、社會新聞報導中和時代接觸。要求進步，不要天天我看你，你看我，我們要看社會、看人間，齊心合力，為社會服務，為人間工作；要轉移目標，弘法度眾，不要人我對立。時代淘汰很快，不發心做，很快就沒有了。淘汰不了的是佛陀，因為他有佛法，他關心眾生。

二、人生本來就要辛苦，做任何事情，付出很重要，你什麼都不付出，人家怎麼看重你。

三、大家要有慚愧心，我們的努力不夠。過去我在房間裡寫文章，一個人來了，我就要趕快出來招呼。我們出家人就好像牧羊者，要把這個團隊照顧好，要有佛法、要度眾，把佛法的種子遍撒出去。我們在人間，有什麼條件能生存？都是靠佛祖、靠大眾、靠信徒，我怎麼能不發心呢？許多事情要多跟人請教、跟人學習，不要一個人閉門造車。

四、要有包容性，心有多大，世界就有多大。要護持佛光大學，現在佛教正興隆，但我們還要再努力。

150 學佛就是要改造自己

二〇一一年七月十六日晚上，由人間佛教讀書會舉辦之「全民閱讀博覽會『環保與心保』」南部場，恭請大師暢談《成就的祕訣——金剛經》，並開放讓與會的一千五百位讀書人提問。

大師說：「真空生妙有。茶杯不空，不能裝水；房子不空，不能住人；荷包不空，錢財放哪裡？鼻孔不空，要怎麼呼吸？實際上空是講有，有『空』才能『有』。地水火風，是建設宇宙萬有的條件和組合。」

大師又說：「『無相布施、無我度生、無住生活、無證而悟』十六字，可歸納為成就的祕訣。」

隨後，讀者提問，大師釋疑：

提問：「對佛光山的願景如何？」

大師說：「要有人才，要有傳承。」

提問：「佛光山為什麼提倡八宗兼弘？」

大師說：「希望佛教不要分裂。」

提問：「如何改變世間不好的現象？」

大師說：「世間是一半一半的，男女各半，好壞各半，佛魔各半，用自己好的一半去影響壞的一半。」

提問：「如何從生活中悟道？」

大師說：「我懂了！我明白了！這也是悟道。」

提問：「如何說好話？」

大師說：「寫下一百句好話、每天讚美三個人、給人歡喜，過了一、二年後，人生會不一樣。學佛就是要改造自己，做好事、說好話、存好心，心的工廠就能出產好的產品。」

151 從「無我」看見真理

二〇一一年八月八日晚上，
大師在雲居樓二樓，以「禪心」為題，
為參加「國際青年生命禪學營」的近二千名青年學生講話。

大師說：「大家要用禪找回自己的本來面目；禪如鑰匙，能開啟生命的本能。世間的苦，從『有我、無明』而來；忘我，能捨棄煩惱；『無我』，能不計較、不比較。世間是苦樂交會，如四大不調、愛別離、怨憎會、求不得、天災人禍等苦，『無我』能照見五蘊皆空；超越無我的境界，就是『度』一切苦厄。人的錯誤和對立來自於無明，只要『空有』調和，便能照見五蘊皆空，執著事相就不能看到『無我』，要從『無我』才能看見真理。」

152 要有凡事不說NO的精神

二〇一一年九月十日，
《究極之宿：加賀屋的百年感動》作者周幸叡女士與先生，
微風廣場管理部經理陳美汀伉儷一行六人來山參訪，並拜會大師。

大師說：「服務觀念，自小就要從家庭中培養起。我也常舉日本加賀屋凡事不說NO的精神，勉勵徒眾要對信眾如此，人生服務的品質才會更提升。」

對於一般人都想要「有」，大師說：「有所求就會計較；若無所求，為了興趣、信仰、意義，就會做得歡喜，忘了要薪水、要假期。」

周幸叡表示，沒想過因為《加賀屋》這本書，而開啟和佛光山的好因好緣。來到本山深覺這是一門高深的佛光學，日後只要佛光山需要，他願意貢獻自己所學，真誠分享。

153 無盡燈

二〇一一年九月十一日，
大師應邀出席「靈巖山寺台中念佛堂落成啟用暨四大主殿聖像開光大典」。

大師開示大眾：「要從自我心中建設佛心，建設清淨的自性；只要心清淨了，佛國淨土就會在我們的心中，一燈無盡燈，燈燈相映，繼續傳承。要把道場當成人生的加油站、學校、百貨公司，走累了要常回道場加油充電、精進學習，把慈悲、智慧、忍耐、信仰帶回去。

因為大家過去的發心布施，肯給能捨，才能成就，這麼大的道場，這就是得。現在更以此道場，服務社會，施捨眾生，將來大家會更加地富貴。」

席間，大師也以開光偈語，做為祝福：

靈巖念佛大道場，諸佛菩薩今開光，
萬千信徒求安樂，慈悲喜捨祝吉祥。

154 信仰比受戒重要

二〇一一年十月六日上午，
大師應邀於本山傳燈樓會議室與「佛館工作人員培訓班」學員接心。

大師就學習上會遇到的問題解惑：

一、要「讀萬卷書，行萬里路，識萬種人，做萬種事」。一個人要當通才，要有幾張證照，父母給予我們生命，要懂得規劃運用，才不枉費此生。

二、人我之間相處，不可被一句話打敗、因一句話起煩惱。好或不好在於自己，不在於別人的一句話，要學習承擔壓力和禁得起千錘百鍊。

三、面對流言蜚語，聖人以「莫說己之長，莫道人之短」處之；賢人選擇主持正義；當凡人，就不必參與其中；若做愚人，就會跟著一起附和。好壞在於心，不在於外在的言語。

四、信仰比受戒重要，受戒前要先了解什麼是正信。正信的宗教，是符合普遍性、平等性和永恆性。

155 我找到自己了

二〇一一年十月十九日上午九時，
大師於本山傳燈樓會議室為「第一期佛館工作人員培訓班」開示。

大師為學員們講述「自我肯定」及如何找到自己、認識自己、人生何去何從等問題。

大師說：「只要耐煩有恆，時間的浪潮會將小人物推向時代的前端；只要腳踏實地，歷史的巨手會將小因緣聚合成豐功偉業。人要有思想、有意境、有國際性和未來性，提高意境的人生，視野就會有所不同。在佛館工作要勇於學習，要有『明知山有虎，偏向虎山行』的精神和毅力，明知有困難，仍要克服困難向前行。」

大師反問學員們：「你懂自己嗎？你認識自己嗎？這很難啊！自己都不認識自己，別人怎麼能了解你？我們要了解別人，先要讓自己給人了解。學佛，就是學習了解自己、認識自己、找尋自己。皈依三寶，就是說『我找到自己了』。

人生是一場馬拉松賽跑，要耐得住、耐得長、耐得久。不要太有主見，太有主見進步就慢；要大、要能容、能接受就是耐。人生如同登山，要有耐力才能爬得高；人生有時為了前途和成就，自己要肯向上，只要做得久，忍耐地熬下去，最後就能成功。」

有一學員請教大師：「這份工作如何做到最好？」

大師說：「從拜佛中可看出信佛多久，導覽亦如是，每個音聲、動作、表情，可看出根基是否深厚。無我，才是『真我』；無我，才是『大我』；無我，才能讓我體會出一個『我』，而不是虛妄的『假我』。以『無我』的心，為眾服務，沒有執著，亦沒有成見。」

156 用佛法解決問題

二〇一一年十月二十五日下午，大師在麻竹園法輪堂，會見屏東市以南的鄉村鄰里長，以及內埔鄉西苗講堂住持堅一法師等一百三十人。

大師說：「想要提升人生的價值，當遇到逆境時，能學會『轉念』就有力量。

人應該要時時心存感恩，小時候感謝父母生養我；成年後，被人欺負、受冤屈，要感謝對方讓我更堅強；對於別人壓迫我，要感謝他讓我訓練自己更有力量，凡事往好處想，凡事都視為成長的因緣，自己就會更快樂。佛法不只是道理，要知而後行，運用在生活上，讓自己得到快樂，佛法能解決人間很多問題，所以說『有佛法就有辦法』。」

157 人如何成功

二〇一一年十月二十六日，
大師於本山傳燈樓會議室為「第一期佛館工作人員培訓班」學員授課。

以「人如何成功」為題，大師提出二種訓練以為參考：

一、思想訓練：什麼是善惡、好壞、對錯，這些都是觀念。往好處想、給人因緣、學習吃虧、忍耐是好的觀念。自己要能做自己的工程師、做自己的醫師，一切從建立正確的觀念開始。

二、生活訓練：早起、威儀、禮貌、正派等生活習慣要自我要求。六根可以訓練及修行，眼看、手寫、耳聽、頭腦想，六根互用的生活訓練很重要。

大師進一步說明：「可以懇請身邊的同學告知自己的缺點，說我錯者，是我師；道我好者，不一定對我有用。知道缺點，才能對症下藥。」

158 每天至少要獨處一個小時

二〇一二年一月三十日晚上，
大師於佛陀紀念館禮敬大廳得月樓集合佛光小姐。

大師關心佛光小姐在春節期間為民眾服務的過程，是否有遭遇什麼困難需要解決？聽完大家的報告、心得分享後，大師為眾人開示：

一、台灣民眾進步了。這幾天在佛館，沒有人大聲叫喊，沒有人按喇叭，代表大眾教育程度提升，文化進步、修養增加。

二、人與人之間的相處，教育方面很重要。我們正在發展戶外教學。佛館是一個很好的戶外教學場所，希望各個小學、國中、高中職、大學，都能到這裡來戶外教學。我們可以提供場地，以及一些心靈、生命的教材。

最後，大師期勉佛光小姐：「每一天當中，不能少於半小時至一小時獨處，靜靜地思考；在一個星期當中，不能少於半天，或者一天，給自己靈修精進的時間；在一年當中，至少能有半個月，在一個地方打佛七、禪七，進行修持的功課，這可以洗滌我們的心靈，轉化內心的貪瞋癡，成為戒定慧。用慈悲來對治瞋恨，以喜捨來對治貪欲，讓我們有智慧消除自己的愚癡。」

159

生病也有辦法

二〇一二年二月五日下午，
大師在佛陀紀念館，為佛光大學、叢林學院十位來學習典座的同學隨緣開示。

大師說：「我手抖，但我可以訓練寫字不抖；我眼睛看不到，可以訓練去『看到』；就算看不到，也要想到，要有求進步的心去要求自己。我沒有請過一天假，醫生叫我在醫院休養，我也不願意。也有人很擔心我，半身不能動，上廁所怎麼辦？洗澡怎麼辦？我還有一隻手，一隻腳。世間不會沒有辦法，有辦法的人不怕生病，生病也有辦法。」

160 以修持降伏妄念

二〇一二年二月十八日下午，彰化監獄「鼓舞打擊樂團」到佛陀紀念館表演。大師特地和團員開示。

大師說：「人非聖賢，孰能無過，在監所不要認為是苦難，要當做修行；你們失去自由，其實在街上走的人也不一定自由。人有心理的毛病，太多貪、瞋、癡的念頭讓自己不自在，負擔很重；透過佛教的修持降伏其心，讓心不要有太多妄念。凡事逆來順受，可以增加考驗。出家人也有閉關修行，在監所的日子也等於是閉關；先縮小自己，訓練自己的心，有一天就能擴大自己。黃金也要洪爐冶煉，學習吃虧才能給人接受，要勤勞、慈悲、有禮貌，自己先能接受自己，別人就能接受我們。」

161 法語是給人信心

二〇一二年二月二十一日晚上，大師在傳燈樓，指導本山、佛館殿堂職事近九十人如何「解法語」。

大師表示：「法語本身就有意境，不是從文字上來解釋，可以說是意在言外，如果能將法語熟讀、背誦後，也會慢慢體會它的意思。法語不是求籤，不斷吉凶，最重要的是給人信心、給人希望。古德詩詞可以啟示人生，有想像空間，沒有好壞之分，好、壞皆有因緣；世間無常，無常是真理，任何變化都有因有緣。」

「求佛、拜佛，是求佛祖給自己力量，讓我發心，並不是請佛祖告訴你好或不好，把責任都丟給佛祖。」大師如是說。

162 錢財如水火

二〇一二年三月二十四日，
中山大學管理學院 EMBA 高階經營碩士班一行七十人，
由南屏別院住持妙樂法師陪同來山，並到佛陀紀念館參觀。

大師應邀於傳燈樓會議室以「我」為題開示。

大師說：「人體如村莊，由『心』領導眼、耳、鼻、舌、身，因此五官可為善，亦可為惡，由自己決定個人行為。而『我』是五蘊和合體，由地、水、火、風四大組成。科學講究來源、組成，佛教亦是如此，任何事物仰賴因緣和合，不能單獨存在。」

大師又說：「有錢是福氣，用錢靠智慧。錢財如水火，可載舟亦可覆舟；從佛教論點來看，財可分善財、淨財、有義之財，學習對錢財運用得宜。佛教並非神權，佛陀是老師，告訴眾生如何走向菩提道路，個人好與不好皆由自己決定，要懂得做自己的貴人。」

163 不空過的快樂

二〇一二年三月二十五日晚上，
大師在法堂會議室，會見趙大深顧問、戴玉琴女士、曲全立導演等五人。

大師說：「我這一生很簡單，吃也簡單、用也簡單，但是歡喜、快樂不減，可以說是樂觀的人生，什麼苦難，都是一笑置之，多少次差點成為槍桿下的遊魂，所以訓練自己要有『沒有什麼了不起！』的想法。有一位王童導演就一直念念不忘，他到佛光山時，我跟他講的這句『沒有什麼了不起！』什麼都沒有什麼了不起，人生就不掛礙！我的身體有很多毛病，比方手抖、眼睛看不到、心臟病、糖尿病、血管硬化、不能走路、腳不能彎曲，但是我不介意，每天覺得很快樂，每天都工作，不休息，也沒有放過假，也不知道休息有什麼好，除非要睡覺。如果沒有事，要我在這裡呆呆坐也不行，至少要找人講話、辦事，才會覺得今天不空過。」

164
我的人生觀

二〇一二年五月八日，佛光山信徒總代表吳伯雄先生、夫人戴美玉女士陪同朋友二十七人到佛陀紀念館參觀，大師特地與大家會面。

大師講述自己的人生觀：

第一、以退為進。人生，前面有半個世界，後面還有半個世界，但後面的世界沒有人想要。其實，退步是向前，就等於農夫種田插秧，有一首偈語：「手把青秧插滿田，低頭便見水中天，身心清淨方為道，退步原來是向前。」以退為進的人生觀，我覺得很受用。

第二、以眾為我。從小出家都是跟大眾一起生活、活動，感覺到世界不是我一個人的，是大眾的，我就在眾中。

第三、以無為有。出家無家處處家，甚至更多家。所以，「無」不會沒有，還有另外一個世界，也是另外一種享受。出家人的世界，是空無的世界，所以出家人滿面笑容。為什麼？他的內心世界很快樂、很歡喜，以無為有。

第四、以空為樂。空不是沒有，空了反而有。茶杯空了，才能裝茶裝水；教室空了，我們才能進來講話；口袋空可以放錢，所以空才能有。我們出家人，每一個人心中要擁有三千大千世界，擁有虛空。這世界、天地、日月星辰都與我有關。心中有空，世界都是我的。

165 人要像水流動才能廣闊

二〇一二年五月二十日，一位負責展覽處的佛光小姐見大師至展場巡視，把握機會請示大師關於調單位之事。

佛光小姐說：「我非常喜歡展場的工作，但負責的法師認為我對外導覽得很好，想把我換到導覽組，這讓我很苦惱。」

大師說：「對常住的理念，要透過溝通，產生共識，才能體會了解。無論上台、下台，要自然、隨緣。單位沒有好壞問題，有時候換單位很好，多方面學習，就像是水要流動，才能更加廣闊；不肯動，終會成一灘死水，沒有發展的空間能力。」

佛光小姐再問：「您常跟我們講，退步是向前，可是向前會撞到牆怎麼辦？」

大師說：「你不必去撞牆，還可以找別的管道，就像你現在要去台北，沒有高鐵坐，搭火車或坐汽車，一樣能到，不必著急；向前不行，向左轉向右轉都好。世間的人常為了爭一塊地，傷財又傷身。過去有一個人為了築一道牆，與鄰居爭地，互不相讓，就寫信到京城給做官的父親投訴。這個父親了不起，回了一封信給兒子：『萬里投書只為牆，讓他三尺又何妨，長城萬里今猶在，不見當年秦始皇。』何必為了一點空間，爭得面紅耳赤？此處不留人，自有留人處。向前有路！」

聽完大師分析，他若有所悟的點頭。

166 靜下來才看得清楚

二〇一二年六月十五日，高雄長庚醫院醫療團隊陳肇隆院長夫人本多美惠、知名主持人陳文茜女士等一行十二人來山探望大師。

大師說：「我將人生規劃為三百歲。一個人，二十歲開始服務，如果活到八十歲，不就服務了六十年？我沒有放過一天假，一個人是五個人的工作量，人生不就是三百歲了嗎？」

大師又說：「人要有群眾的時間，也要有孤獨的時間，這很重要，能提升自己，靜下來才看得清楚。心中的煩惱浮雲去了，月亮就會光明。」

167

接受好與不好

二〇一二年八月九日晚上，
大師在傳燈樓客堂，會見作家鍾玲女士。

大師說：「人生如戲似夢，是真是假很難講，佛教認為人生是變化的。人心無限，思想有限。人有胖瘦，可量可比；心無法衡量，廣大無邊。

『忍』字心上一把刀，在佛教裡講『忍』，是智慧的力量，是認識真理之門。你對我好，我接受你；對我不好，我也接受你，要有忍的力量。」

168

設定有意義的目標

二〇一二年九月四日，大師到南華大學參加學校的會議，剛步出會場，一位大四的趙姓同學跑到大師面前，請求大師給予開示。

問：「大學即將畢業，對未來沒有立定志向，也沒有懷抱夢想，感覺畢業就像失業，不知未來的方向在哪裡？」

大師說：「人的一生，如果沒有立定目標，那麼人生應該是空泛、虛無的，因為人肚子餓了要吃飯，吃飯就是目標；天氣寒冷要穿衣服，穿衣服就是目標。為人父母的，為了家庭的生活需要，不計辛苦地賺錢養家、勤勞工作，養兒育女，就是父母的目標；我們為人子女，應當用功讀書、追求知識，甚至日後光大門庭，提升家人的生活水平，這也是我們可以努力的目標。」

大師又說：「在社會上，我們本來都是一個小人物，但如果我們願意在自己的角色上，自我期許：能成為更善、更好、更慈悲、更有承擔、更有道德的人，擴大提升自己的目標，讓大眾歡喜你、讓人人接受你，這也是非常有意義、有價值的目標。」

169 人到世間來做什麼？

二〇一二年九月十九日，大師至叢林學院女眾學部，與新生接心開示。

大師說：「人到世間來做什麼？當然是為了快樂、歡喜來的。快樂如果從外在求，到處都渺茫，如愛情，就像刀口上的蜜，不知危險；快樂要從心起，非由物質而來。來山是要尋找內心的快樂，若能從佛法中體會禪悅法喜，才有真正的歡喜、快樂。出家人擁有三千大千世界，日月星辰任欣賞，有芸芸眾生與我來往，因為懂得享有，因為『無』，擁有的空間更大。」

大師勉勵同學：「每個人都擁有不同的才能，可以創造世界，但要知道因緣、條件在哪裡，才更有發揮的空間。」

170

美在哪裡？

二〇一二年十月五日，大師至佛陀紀念館本館展廳巡視，隨緣為展館組的八位佛光小姐開示。

大師說：「美，在心裡。心美，看一切都美；心不美，再美的東西呈現在眼前，看的人都會覺得平凡。美，需要自己創造，心念一改變，世界就會跟著我改變。」

171 怎樣才容易成功？

二〇一二年十月六日中午，大師於佛陀紀念館，為徒眾隨緣講話。

大師說：「『怎樣才容易成功？』要歡喜、奉行。只要歡喜，一切問題都沒有；只要能奉行，有行動，就容易成功，所有經典裡面都是『歡喜踴躍，信受奉行』。

世界上的頒獎，可能大部分都不公平，不過也沒有辦法，世界那麼大，什麼叫做公平？這叫運氣，也是個人的福德因緣，要能想到『時也、運也、命也』。所以要靠自己創造時機、因緣。」

172 佛法就是最佳的心藥

二〇一二年十月十三日，適逢長庚紀念醫院董座追思紀念月，高雄長庚紀念醫院院長陳肇隆特與副院長莊錦豪、張明永、林孟志等，率百餘位醫務專科主任，假佛陀紀念館佛光樓舉辦「醫務專科共識營」，大師應邀開示。

大師說：「身體的疾病需要醫師來救治，但貪欲、瞋恨、愚癡、我慢、嫉妒、疑惑等心病，還需心藥來醫治，佛法就是最佳的心藥。

心能轉境，心能轉物，世間力量最大者就是人心。醫師可以給人信心、給人鼓勵，讓病患放下患得患失的心，身體更容易痊癒。」

陳肇隆院長表示，佛光山不論是整個環境，或是所遇見的法師、義工，都相當親切，身處其中，內心感到十分歡喜。

173 平等統一的「一」很好

二〇一二年十月二十三日，大師抵達日本東京佛光山寺，隨緣為信眾開示。

大師說：「學佛要有平等心，佛光會員的四偈句中『禪淨戒行平等忍』，最重要的就是平等；在佛堂中大家也是平等，喜歡坐哪個位子，就可以坐，沒有限制。平等統一的『一』很好，二、三、四很麻煩，故要『一心皈命、一心一意』。」

「年輕時，自己做自己的貴人，自己創造因緣；老了也不做孤獨老人，要融入大眾中，我是眾中的一個，能在眾中即是平等。」大師如是勉勵信眾。

174 何謂修行？

二〇一二年十一月二十八日下午，大師在佛陀紀念館巡視。

一位正在做環保分類的義工，趨前向大師問訊。大師關心做義工會不會太累，佛館設有義工休息室可以稍事休息。

義工向大師道謝後，請教大師：「常有其他的義工叫我要多誦經、拜佛修行，難道我在這裡做義工不是修行嗎？」

大師說：「修行不一定要什麼形式，也不一定要念佛、拜佛，你會廣結善緣，見到人都是一個歡喜心，就是修行。每天想二個或三個聖人，孔子也好、岳飛也好，在你的腦海裡想一下，就是修行。慈悲、忍耐、力量，給人接受，朝好處想等，這就是修行。」

175 人生需要平安和希望

二〇一二年十二月二十一日，大師為佛光小姐近八十人開示。

大師說：「人生需要什麼？需要平安，需要希望。有平安的地方就有希望，能過平淡的生活就是富有。平凡的人生處處充滿希望，人能學習孤獨、忍耐，就能應付環境的變化，快樂就在心裡，心安定了，向前有路，就有未來。《維摩經》說：『我有法樂，不樂世俗之樂。』有禪悅、法喜、真理及大眾之樂的人，人生就會不一樣。

要學習做自己的貴人，待人有禮貌，做事勤勞、負責，自然人見人歡喜。」

176

有錢的窮人

二〇一三年一月二十二日上午，
大師在傳燈樓客堂，接受澳門大學校刊《澳大新語》編輯採訪。

大師說：「人的心就是一個工廠，這個工廠可以製造歡喜，也可以製造煩惱；與其製造煩惱讓自己不幸福快樂，何不把自己的心轉變念頭，製造歡喜和快樂呢？所謂『天下本無事，庸人自擾之』。

世界上有很多有錢的窮人；既然有錢，為什麼是窮人？因為他不滿足。有的人雖然貧窮，但他肯結緣、肯幫助別人，他是窮人當中的富人；所以窮和富，不可以金錢多少來論定。」

177 明天更好

二〇一三年二月七日中午，
大師應人間衛視邀請，於本山法堂錄製二〇一三年新春賀詞。

大師說：「天增歲月人增壽，春滿乾坤福滿門。一日之計在於晨，一年之計在於春。每到春節時，依中華文化的傳統，大家都忙著度佳節。主要的是，新春佳節，就好像一年的開始，過去的一年，就過去了；新年要有新氣象，一切重新開始，所謂『明天更好』，希望我們好好展望未來的一年。我們要有一個想法，假如過去我有什麼缺點，今年我要把缺點改正；過去有什麼沒有完成的，那麼今年是一個好的時光，我要好好地掌握。

我們推動人間佛教，就是要大家幸福，要大家安樂。每逢春節過年，大家都說恭喜發財。發財，也不一定只是金錢的發財，我們健康就是發財，我們平安就是發財，我們歡喜就是發財。我們有人緣，就是財富；我們有智慧、有慈悲、有佛法，都是財富。其實財富在我們自己的心裡，發心就是發財。今天的社會，講究要為人服務，我們對人間的結緣，服務的事業，要多多發心，這就是我們的財富。」

178 人生要讀什麼？

二〇一三年三月二十二日上午，大師受邀出席在南華大學雲水居國際會議廳舉行的「南華大學創校十七週年校慶」，見證南華與中正、嘉義、雲林科技大學、虎尾科技大學跨校選課合作簽約儀式；以及與佛光、西來、南天大學進行「佛光山聯合大學系統」簽約儀式，並主持「南華大學般若樓新建工程安基典禮」。

大師勉勵學生，要從讀書進而「讀世界、讀人緣、讀自己、讀本心」；從而做一個「讓人接受」的人，甚至把自己行銷到全世界。

第一、讀世界：每一個年輕的人，今天不能關閉自己，要與世界接軌，要有世界觀，做一個國際的人士；如果對世界的事情都能關心，必定胸量會擴大，知識會昇華，前途是無限的，所以我們要讀世界。

第二、讀人緣：現在的年輕人，他不認識人，目中無人，所以處處都遇到一些障礙困難。為什麼要讀書？讀書要給人接受。人家為什麼要接受你？你必須要有禮貌、有智慧、有責任感、有勤勞、有能力，你一定要自我健全，所以為了要讓人家接受，就要讀人，讓人家了解我們，從讀人當中可以讀出人緣。

第三、讀自己：現在的人不認識自己，如何讓人家來看重你？我要讓人家接受我，自己就要努力、要低頭、要對人好，從讀自己而能認識自己、改變自己，進而讀出成功之路。

第四、讀本心：我們的心中有傲慢、貪欲、瞋恨，你讀懂自己的心，把心中的貪瞋愚癡去除了，將心裡的空間留下來給智慧、慈悲、道德、仁義、禮義等；你能充實自己，讓內心的能量發光發熱，就能走遍世界，到處受人歡迎。

179 人生最有價值的東西

二〇一三年三月二十四日下午，大師接受鳳凰衛視導演 Ray 訪問後，返回本山法堂，身邊的弟子藉機向大師請法。

弟子問：「您覺得世間最值得珍惜的東西是什麼？人生最有價值的東西是什麼？」

大師說：「最珍惜的東西是仁義、道德；最有價值的東西是生命、信仰。仁義道德，自己享用不盡，給人對方也很歡喜。生命是最寶貴的，跟生命同等重要的就是信仰。在心中充滿真善美的好人好事，我的生命就會發光發熱，這是最有價值的。」

弟子接著問：「您怎麼看待人生的順境和逆境？」

大師說：「人的順境，不要太過得意；逆境來了，也不要太過悲苦。世間如海水起伏，人生就像波浪，有高潮、有低潮。儘管外面的環境有低潮、高潮，心裡要有平常心，看世間不要太執著、不要太計較、不要太比較，所謂世間事，沒有什麼事看不開，沒有什麼事放不下，自己要能改變自己。要改變自己，我們要身體做好事，口裡說好話，心裡存好念，把身口意修正，這就是我們所提倡的三好運動，人人做到，人人幸福。」

180 四部經的人生智慧

二〇一三年五月十五日，北京清華大學 EMBA 國學研修會一行六十二人到佛光山參訪，大師於傳燈樓會議室為大家開示。

大師說，送給大家佛教四部經典的無量智慧：

一、是《華嚴經》的「不忘初心」，也就是說，我們不管做什麼事情，要能保持最初的那份發心與熱情，不要忘記你最初的夢想、願景，堅持住理想，奮鬥到底，人生自然無怨無悔，也會減少許多無謂的煩惱。

二、是《維摩詰經》的待人之道，教我們對社會要做「不請之友」；朋友請你幫忙、請你做什麼，都要「禮請、拜託」，這不是待人之道；我們要學習菩薩的精神，不用人家來請，自我發心為別人救苦救難；凡是合於正道、人間情義的事情，我們要學習做不請之友。

三、是《八大人覺經》的「不念舊惡」，我們要學習做菩薩，不要記恨別人對我們做了不好的事情，要多記住別人的好事，所謂「量大福大」，不念舊惡對我們人生的修養，會有很大的提升與幫助。

四、是《大乘起信論》的「不變隨緣」，人一生堅守的人品、道德，不能隨便改變自己正派、正道的原則；但在社會上與人相處，也要能隨緣，學習圓融處世的哲學。隨緣的人生，當提起要提起，該放下就放下，這樣，才能過一個逍遙自在的人生。

181

如何求進步？

二〇一三年六月二日晚上，本山功德主江陳喜美陪同北京光大銀行、中國文化產業促進會坤德協會副祕書長金樹萍一行四十餘人來山參訪，並拜會大師。

大師說：「人生要求進步，如何求進步？你後面的一步不放棄，怎麼能向前一步呢？你要放下什麼？放棄執著、煩惱、我見，種種阻礙我們進步的東西。」

大師又說：「教育能改變人的氣質，教育讓我們進步，讓我們明理。教育最重要就是知慚愧、羞恥，懂得仁義、慈悲，活到老學到老，人生就是學這些道理。」

182 成功與修養

二〇一三年六月四日，大師在佛陀紀念館，為鳳凰衛視《世紀大講堂》節目錄影，與鳳凰衛視董事局主席兼行政總裁劉長樂對談「成功」、「修養」兩大社會大眾所關心的議題。

談到「成功」，大師提出他獨到的見解。

大師說：「成功的定義，並非家財萬貫、名利雙收，最重要的是為人正派、有道德觀，並讓他人認同是一位君子，而其言行舉止確能成為表率、典範，對人類社會有正向的影響力。此外，要培養成功的條件，應在做人處事中累積實力，你能做事勤勞、工作負責、待人有禮不傲慢，能融入大眾，自己不一定成功，但可以成就別人成功，這樣的人生就是成功。」

說到「修養」，大師提到：「處於大眾中，個人起心動念要無愧於心。提升自我修養，要具有勇氣、能見義勇為；有修養的人只有大眾，沒有自己，將他人利益看得比個人利益重要。」

183 做自己的明燈

二〇一三年六月十二日上午，大師在佛陀紀念館，為義守大學大陸交換學生、日籍學生等近八十人開示。

大師說：「在我的人生中，曾遇過很多善知識，他們對我講的話就像是一盞明燈，我點滴在心頭，刻骨銘心的記住他們的話，對我很有用。

人生不一定要出家，人活著要歡喜、自在；人到世間上來，無論哪一個行業，都希望能幸福安樂，人生要歡喜。

青年時期，『時間會成長我們，大眾會幫助我們』，更要靠自己力爭上游，縱使有挫折困難，都是未來的增上因緣。自己的困難，自己要能化解，問別人沒有用；你找佛祖，佛祖也不講話。要找自己，自己才能修正自己的缺失，自己就是自己的貴人，自己也是自己的明燈，以此光明照亮人間。」

184 不執著就有佛法

二〇一三年六月二十一日上午，大師在佛陀紀念館會客後準備回山，看見四位佛光小姐剛送走客人，隨緣為他們開示。

大師說：「有的人一生不得進步，就是為了房子；房子要維修、要照顧、要收租金，不敢到遠處去，不敢做別的事情，就這樣被一棟房子給綁住了一生，發展不了自己的人生。父母不能代替我們一輩子，有的時候自己都不了解自己，還要父母來幫忙決定；其實自己了解自己比較重要，未來才有發展的方向。

慈悲、智慧、不執著、不計較、不傲慢、無我，這就是佛法，你有這許多觀念，能懂得運用，就是所謂的『有佛法就有辦法』。」

185 神聖性是用心去領會

二〇一三年八月二十三日晚上，大師在傳燈樓集會堂，為佛陀紀念館佛光小姐、男眾學部學生、佛館職事近二五〇人開示。

大師說：「人生的苦惱就是為了『我』，我要、我想、我希望、我有意見。這個『我』，充滿了貪欲、瞋恨、嫉妒、愚癡、邪見、懶惰，被這許多盤據了自己的人生；但是我們自己都不承認，所以不能自我改革，不能與自己奮鬥。我們的前途在哪裡？就在當下，就在自己的心裡。

舍利不是看的，是禮拜的。佛牙舍利是佛的牙齒，如果你拿給人看，不是黃金、鑽石，大家來看一看，心裡不一定會有恭敬心，可能還會認為沒什麼稀奇。有信仰者，不是用眼見，而是要用心靈去感受，去領會佛陀的神聖性。」

186

苦，臣服在我之下

二〇一三年九月九日上午，大師在佛陀紀念館巧遇普門中學管樂隊，隨緣為同學開示。

大師說：「人生是從很多的苦難裡，一點一點、一天一天成長的，沒有人能一步登天的，都是要經過千辛萬苦而有成就。如果一個人不能接受苦的挑戰，他就不能進步，不能成功。苦，是這世間上必然要面對的。所謂『人生是苦』；但苦是一種教育，是一種成長，是給我們挑戰的，所以人要不怕辛苦。怕辛苦，就被苦打倒；不怕辛苦，苦就臣服在我之下。」

187 夢，就是願力

二〇一三年九月十二日下午，
大師在佛陀紀念館會見中國佛教會「兩岸佛教文化交流團」一行五十五人。

大師表示：「人人都有夢，夢是什麼意思？夢是一種希望。夢到了什麼？什麼叫做夢？應該就是指願力。有夢，就有個要達成的目標，就有力量，因此人人都要有夢想。像地藏王菩薩發願『地獄不空，誓不成佛』，這就是他的夢想。我們揚州鑑真大師，為了弘法到日本去，幾乎犧牲生命；唐三藏玄奘大師，為了到印度取經，歷經八百里流沙，不改初心，並發願『寧向西天一步死，不向東土一步生』，這就是高僧聖賢為了弘法的宗教夢。」

188 無論熱鬧、寂寞都接受

二〇一三年十二月二十五日上午，大師於本山法堂接受鳳凰衛視採訪、拍攝書寫一筆字。

大師說：「我的生活很簡單，一生沒有用過辦公桌，就只有長條桌，來二個人請坐，來五個人也請坐，任何人在這裡高談闊論，海闊天空，沒有顧忌。

我常常一邊寫字，徒眾一邊問問題；過去寫文章，我一面寫文章，一面跟人講話，現在沒辦法了，記憶力不如以往，眼睛因鈣化也看不到，耳朵也在慢慢退化，但這是人生自然現象，沒有什麼不好。雖然身體慢慢退化，但是日常生活瑣事一個人做習慣了，無論熱鬧、寂寞都可以接受才重要。在寂寞裡面有很多的思想、往事、經驗，能告訴自己應該要怎樣改進，這就是自覺、自省，會有進步。」

189 我學的是「內功」

二〇一四年一月二十六日，大陸河南雜技團於春節期間應邀至佛陀紀念館表演，大師應館長如常法師之邀，至大覺堂觀賞雜技團演出。結束後，大師隨緣為團員開示。

大師說：「在我的要求，佛光山每個人都要有五張執照。像你們表演，這是一張執照，但是沒有人邀請你表演時，怎麼辦呢？所以，除了表演，大家還要有很多技能。」

念及團員年紀還小，正開始成長，大師也期勉眾人，要禁得起一番苦練，大師說：「過去中國人到世界各地比賽，舉凡打籃球、打排球、體操、跳水、游泳，都沒有得過金牌，近年來每年都得到幾十面金牌，這就是苦練來的。」

大師也以自己為例，表示：「我像你們一樣小的時候，十二歲就在佛教裡學習。你們學的是『外功』，我學的是『內功』，是修心的。」

最後勉勵：「大家要努力，把自己的學習完成，將來才能出人頭地。要能吃苦，不怕苦。苦是教育我們的，苦是給我們學習的，『吃得苦中苦，方為人上人』。這一個世界，沒有什麼貴人可以來幫助我們；即使有，也是少數因緣，最主要的還是自己幫忙自己，自己做自己的貴人。你能『自助』，人家才會幫助你。」

190 煩惱即菩提

二〇一四年二月八日上午，
大師與武漢大學文學院教授吳光正於本山法堂談話。

問：「佛教義理諸多不容易了解的地方，例如常聽人說「煩惱即菩提」，這是什麼意思呢？」

大師說：「講說很深的道理，必須要有比喻，才容易懂。煩惱即菩提，這在一般人覺得很矛盾，怎麼會一樣？舉個例子來說：鳳梨、柿子未成熟時，吃起來酸澀不已，等到太陽晒過，和風吹過，成熟了，就會變得很甜。甜味是從哪裡來？就是從當年的苦澀轉變而來的。同樣的，煩惱、菩提也是一個。」

191 心有重重門

二〇一四年三月十二日，
大師於法堂為大陸籍新出家徒眾及新入道師姑等八人開示。

大師說：「《大乘起信論》主要講『一心開二門』，一個是『心真如門』，一個是『心生滅門』，一個是不變的，一個是變化的，我們要從變化中找到不變的真心。

佛教裡的快樂最多、最究竟；我們的心就像是一間工廠，大家要學習自己製造、出產歡喜和快樂。心有無量寶，心有重重門，在四聖六凡中，我們每一天到每一個念頭，是要打開那菩薩之門，或是惡道之門，就要看自己的掌握。」

「學佛修道，百千法門，都是為了治心、調心，乃至為了降伏魔軍，成就佛果。善用其心，把心放在對人好，對大眾好，對佛教好，那麼，煩惱糾纏的心，就會變成法喜、解脫的心。」大師如是說。

192
「給」人一些因緣

二〇一四年四月一日晚上，大師於本山傳燈樓集會堂為佛光大學產媒系二七〇位師生開示「我們的未來在哪裡」。

大師說：「常有人問我：『你一個窮和尚，從大陸來到台灣，沒有親戚朋友，也不跑政治路線，不跟大官豪門來往，都安住在寺廟裡，怎麼有辦法辦大學、辦報紙、辦電台、建那麼多寺廟？』我想是『給』起了作用。我一介貧僧，雖沒有錢，但是一樣可以跟人結緣，我給人一個點頭、一句好話、一個微笑、一個尊重、一個服務；我給人一些因緣，人家就給我很多因緣了。」

大師又說：「佛光大學的環境如同天堂，大家要好好用功，不要老是想下山，山下燈紅酒綠，是非煩惱多。你要想將來找到好的職業，現在就要做預備，你歡喜計帳，就要好好把會計學好；你歡喜文學，就要好好把文章寫好，不要等到大學畢業了，才說這個我不會，那個我也不會。」

193 化缺點為特點

二〇一四年四月八日上午，
大師於廈門博物館「一筆字書法展」開幕式致辭。

大師說：「今天的盛會是由於香港信徒蔡蝴蝶女士的促成，讓大家有這個因緣看到這些墨跡。所謂『法不孤起，仗境方生』，這『一筆字』的展出，也是大家心念所感。

檢討我的人生，有一些長處，也有很多短處。不過，人生很奇妙，我五音不全，卻辦了很多歌詠隊；我不會外文，但走遍全世界，甚至在當地建了寺院，度了信徒；我不會寫字，儘管人老了，手抖、視力模糊，總也想要做一點事情，後來就發心寫字，寫了寫，竟也有人說我寫得不錯，要跟我索取。他要，我就給他，當然他們也不願辜負我，給我贊助。我個人不要錢，就把他們的贊助用來辦學。那麼，在美國，我寫出一所西來大學；在台灣，我寫出一所南華大學。總之，人有很多的短處、缺陷，但是只要能『化缺點為特點』，肯得吃苦、肯得用心，還是能有成就。」

194 自由與自在緣

二〇一四年四月三十日傍晚，
大師於佛光祖庭宜興大覺寺三摩地跑香，
巧遇從南京雨花精舍來的青年義工五十五人，隨緣為眾開示。

大師說：「在你們年輕的時候，要把握時光啊！人生再美好，也就這麼一生，用一天就少一天了。大家在一起相處，要結好因好緣，將來因緣才會來找你，好事才會來找你。」

一位青年請教大師：「自由與自在有什麼分別？」

大師說：「所謂自由，例如思想自由、事業自由、交朋友自由、用錢自由等等。你可以自由，但不一定能自在。自在的境界比自由要高，能自在，必定能自由；心裡能放得下，就會很自在。」

195 有本領的人怪自己

二〇一四年六月五日下午，
大師應大連橫山寺住持印淨和尚之邀，
於該寺大雄寶殿，為信眾三萬多人開示。

以「轉」為題，大師說：「人生，要常常轉動一下，轉迷為悟、轉苦為樂、轉難為易、轉惡為善，才會進步。世間上沒有困難，困難是對那許多沒有力量，不肯用心、用功的人講的；有用的人，不怕困難。等於一顆好的籃球，你一打，球就跳得很高；愈困難，就把它做得更好。所以，人生無難事，只怕有心人；只要我有心！

現代人經常感到心裡不安，為什麼？顛倒妄想、是非人我、貪瞋愚癡，內心複雜的東西太多。不快樂，就要想方法對治，要轉念，不要光是怪人，要怪自己。」

大師又說：「人生不一定要有太多佛法，但是要能在緊要的時候，懂得一轉，把心裡的雜念轉成光明、清淨、智慧、慈悲的念頭。有的人做錯事，死不肯認錯；不認錯就不是有本領，有本領的人肯認錯，認錯是美德。」

196
人要住在哪裡呢？

二〇一四年六月七日上午，大師於大連凱賓斯基飯店與大連理工大學、大連海事大學、遼寧師範大學、大連大學四所高校學生代表，以及青商會代表等一百人講話。

大師說：「人生一切都是在因緣的擺布裡，光是一個『緣』字就可以出幾本書了。所有佛經都在講『緣』，像眼睛要看，必須有人、有東西、有空間、有光線，有因緣才能看到，沒有這些條件，我就是用眼睛看，也看不到。所以，世間上，因緣才能讓人存在，大家要重視因緣。

不要住在色聲香味觸法『六塵』裡，因為那是一時的、不長久的，不是永久安住的地方。要住在哪裡呢？要住在慈悲喜捨裡，住在覺悟裡，住在智慧裡，住在忍耐裡，住在仁義道德裡。

人要住在哪裡？最高境界是『應無所住』，無住就無所不住。好比出家，『出家無家處處家』，每到一個寺院都可以當作自己的家；不出家，今天不回家，明天就麻煩了，家人可能要興師問罪。所以，有家有束縛，無家反而自由。

『無住』就是自由的意思，不被色聲香味觸法困擾。

『心要住在哪裡？』要住在沒有掛礙的地方。心無掛礙，就沒有恐怖；沒有恐怖，就遠離顛倒夢想。把虛幻、對立、鬥爭捨棄，就能心平氣和；把不究竟、黑暗、愚昧捨棄，就能讓光明顯現出來。」

197 三心二意不能成功

二〇一四年六月十九日上午，大師於上海虹口喜來登飯店，應邀與該飯店廚師十餘人講話。

大師說：「做廚師不是低級的職業，它是一種藝術，如同畫畫、寫字。吃是很重要，過去中國大使到外國去，可以不帶祕書，但不能不帶一個廚師。為什麼？因為國際談判，不管是什麼談判，飯桌上好解決問題。吃得好，吃得開心，問題就很容易解決。吃，不光是吃好吃，要吃主人的心意、吃環境的氣氛，吃出歡喜，吃出禮貌，吃出尊敬，吃出讚美。

一等的廚師，可以同時使用六個鍋，做出一、二百桌菜，有預算，會調理，不慌不忙不亂，很安閒，一個月拿十萬塊美金；二等的廚師，一次只能用四個鍋，拿五萬塊美金；三等的廚師，一次只能用二個鍋，拿一萬塊美金；四等的廚師，一個鍋給他用，還要手忙腳亂，那就沒有價值了。

做廚師，也需要天分，有天分的人，眼睛一看，就知道怎麼煮法；沒有天分的人，你怎麼教他，他也不會；尤其是會一點的人，很麻煩，你教他，他還要執著過去的做法。其實，做菜是不能執著的，菜要做得好吃，就要能改變。

菜也要五味調和，才有百味香。葷菜好煮，素菜難煮，因為葷菜本身就有味道，隨你怎麼煮一下，它就有味道；素菜本身沒有味道，要把它煮出味道來，就得要功夫了。」

「廚師不要常常流動，那一家薪水多一千塊，就跳槽到那一家做。我一生沒有拿過薪水，也沒有跳槽，沒有換過師父，我想我有獨立的人格，我到處看書、學習、研究、請教就好了。大家要團結，三心二意不能成功。團隊精神、集體創作、共同研究，全部發展，才會進步。」大師如是勉勵。

198 如何在寺院裡過一生？

二〇一四年六月二十四日晚上，大師於佛光祖庭宜興大覺寺，與全體大眾開示。

如何在寺院裡過一生？大師說：「在寺廟裡，思想上要具備信心。在我的經驗，有一部分出家人不信佛教，心中沒有佛，自私自我，不知道人生寶貴，胡混一生，這很可怕。大家要曉得修行，不要老是怪人家。多認錯、多責備自己，再怎麼笨都會有進步。最怕的是不知慚愧、不知羞恥、不知清淨道行的可貴。要想修成道果，要勤勞、慈悲、發心、為眾服務、給人讚歎。」

另外，大師也提出，出家人至少要有五張執照：

一、廚房執照：要徹底研究，不打混，要甲等。

二、殿堂執照：對於唱誦、規矩、儀禮、威儀，要研究如何做好，不必一百分，但不得少於七、八十分。

三、客堂執照：會導覽、安單、清潔、衛生，要優等。

四、專長技能：如畫畫、捏麵人、拉二胡、敲法器、說故事等等。

五、發心服務：要有雞婆的性格，要管閒事，人人都是知客。

199 用感動代替抱怨

二〇一四年七月八日，
大師在傳燈樓集會堂為短期出家戒子接心開示。

有戒子發問：「一般人都有抱怨的習慣，卻不知這樣的習慣會給自己帶來麻煩，甚至遭來殺身之禍。因此，抱怨的害處之大，應該如何改善這樣的習氣？」

大師慈悲的回答：「過分的抱怨是內心懷有不滿的表現，認為世界不公平，別人不合理，自己受到委屈，因此懷恨在心，抱怨的情緒就會從內而外表現出來。但是抱怨能解決問題嗎？怨恨只會增加問題，不能解決問題，如同火上澆油，一發不可收拾。」

大師接著說：「假如你認為這個世間有不平、不公之事，自身沒有得到平等的待遇，因此有了怨恨的心理，是可用別的方法來解決的。什麼方法呢？協調、溝通。與他人多來往協調，增加彼此了解；或是施恩於他人，讓人感動，改變現實情況。或者為人處事更加光明磊落，讓他人增加對你的認識與了解；或是以德報怨，用忍耐和時間來化解彼此間的嫌隙，抱怨的言語或情緒，就會得到有效的改善。」

200 獨立的性格很要緊

二〇一四年七月二十三日上午，大師於本山傳燈樓一樓跑香，巧遇參加「國際青年生命禪學營」的王鈺智、林美娜、張文利、余鴻鵠等四位青年，隨緣開示。

大師說：「感動的世界最美，但是感動不能只是一時的，要能讓它持久。如此，感動的價值就高了。」

大師又說：「你們受高等教育的人，獨立的性格很要緊，自我獨立，自己做自己的貴人，不一定要依靠哪一個人。寺廟如加油站，人生旅途疲倦了，到寺廟來，精神上會得到加油；寺廟也像百貨公司，雖不能從中得到什麼物質上的東西，可是精神上的、信仰上的內容很豐富。」

201 涅槃的真義

二〇一四年八月十日，教師夏令營的座談會上，
高雄市某中學的一位老師，向大師提出有關涅槃的問題。

問：「佛教裡面修道的人，追求的最高境界稱為涅槃，它是一種超然的解脫境界，但是一般的人不懂，以為涅槃就是死亡，請示大師，涅槃有什麼真義嗎？」

大師開示道：「涅槃也有程度，就等於學問，活到老學不了，學無止盡。涅槃的境界，有證悟『有餘依涅槃』，有證悟『無餘依涅槃』，這差別很大。有的叫做『有漏的涅槃』，也有『無漏的涅槃』，就是有煩惱他也能涅槃，這個『漏』就是『煩惱』。所以涅槃的基本意義，是一個大圓滿的境界，用中國話理解，就是不生不滅。」

大師進一步說：「這個裡面沒有生死，是永恆的。也可以說它的意思叫做『常』，涅槃的功德有所謂『常樂我淨』。常，永恆；樂，法喜安樂；我，證

悟境界；常樂我淨，就是清淨善美。所以，一個修行的人，要想解脫，要想超越世俗，要想脫離所謂人間苦海，人可以證悟解脫道的名稱，就叫『涅槃』。」

202 緣分要耐煩等待

二〇一四年九月八日下午，大師至叢林學院女眾學部巡視，隨緣在圓門與師生接心講話。

大師說：「要能忍，忍受不習慣，忍受不順遂，忍受不中聽的語言，忍受不合法理的事情。能忍受多少，將來成就就有多少。我受苦，心甘情願，就沒有事了；我吃虧，心甘情願，就沒有事了；大家給我壓力，心甘情願，就沒有事了。一個『心甘情願』，什麼問題都好解決，冷也好，熱也好，打也好，罵也好，心甘情願，就能成功。

不要覺得每天到齋堂吃飯走這麼遠的路，其實不算遠，你每天排隊走路，心中環顧周遭，與前後左右對齊，這就是修行。

你們當中或有聰明、能幹的，在這個地方感覺到懷才不遇。不要緊，緣分到時，自然有人來找你；因緣不到，你去找因緣都找不到。緣分要耐煩等待。」

203 信仰與未來

二〇一四年十月四日晚上，大師應邀出席本山如來殿大會堂主持「國際佛光會世界會員代表大會．主題演說」，為大眾開示。

以「信仰與未來」為題，大師說：「人所以信仰宗教，或者是感覺到自己脆弱、渺小，希望大自然能否有一股強大的力量幫助我？或者感覺到自己到處受障礙，信仰是否能對平安有幫助？或者感受到人情靠不住，金錢不能安慰人、讓人平靜安心，信仰是否能讓內心有力量？或者對生死不了解，信仰是否能讓自己未來有好的去處？實在說，以上這許多問題，在真誠信仰的人心裡，都不是問題。

在世間上，動物和人都有生命，但是只有人這個生命是頭朝天，腳踩地，身子挺直。所以，也唯有人被賦予了一個優待，就是人才有信仰。信仰就像一把鎖匙，可以把生命的門打開，讓我們知道生命的內容、意義，信仰裡有寶藏，蘊藏著禪悅、法喜、歡喜、幸福，取之不盡。

你們都已經有信仰了，但是如果信仰得還不夠真，要修正；不夠正，也要修正；不夠美好，要自我調整。佛光會會員最重要的就是要正信，要信有正派、有道德、有能力、有清淨、有歷史的信仰，不能亂信。」

204 我的心能看見

二〇一四年十月九日下午，
美國休士頓九歲小朋友 Nathan，在母親陪同下前來法堂向大師請法。

問：「人會死，且有不同的死法，哪一種死法最好？」

大師說：「自然死最好。但是不要求死，要求活。」

問：「為何吃素不能吃牛肉？牛吃草，牠的身體應該是素食的，不是肉做的。」

大師說：「因為牛跟我們一樣有生命，牠也想活，所以我們不要吃牠。」

問：「我有想要做和尚，但是我心裡還沒有準備好要吃素，因為我還小，我的身體需要營養，才能長大、長高。」

大師說：「我一輩子吃素，但我還是長得這麼壯。現在要先想讀書，完成大學後，再選擇你的人生。」

問：「聰明和智慧有什麼不同？」

大師說：「聰明會有執著，會做錯事，而有智慧的人不會。」

問：「您的眼睛看不見，我和媽媽請求菩薩，希望您能夠再看到。」

大師說：「我的心能看見。」

205
要向自己宣戰

二〇一四年十月十日，大師在傳燈樓集會堂為參加「青年寺院生活體驗營」的七十所學校青年、北京京劇院青年團團員、叢林學院男、女眾學部學生開示。

大師勉勵大家「向自己宣戰」：

「釋迦牟尼佛的革命，不是革別人的命，是向自己革命；不是向外面革命，是向內心革命；不是要打倒別人，而是打倒自己的貪瞋癡，建設世間的和諧、公平、公正。我們不妨也向自己做十場戰爭，與自己心中的魔軍宣戰。戰場就是我的心，武器就是我的觀念、我的思想、我的智慧；你能擁有多少正知正見的武器，這場戰爭就有多少勝算；你能降伏其心，就能完成自己的『佛道』。」

206 球隊的最高境界

二〇一四年十月二十五日下午，
大師前往普門中學關心，隨緣與棒球隊隊員談話接心。

大師說：「打棒球要從有心打到無心，從用功、用力、用腦到用心；打到最高境界，則無所不用。團隊打球，不要打到只有一個人成為明星，要讓球隊就是一個明星，將來球隊成功了，到國際上打個青棒隊。不要被金錢買動、不要被愛情誘惑，與球隊共存亡、共榮辱，未來就有前途。」

207 能方能圓，方圓自在

二〇一五年二月二十四日下午，大師於本山傳燈樓客堂，與均一中小學董事長嚴長壽先生談話。

大師說：「做官、做大人物不能太有個性，要能方能圓，方圓自在。最好是沒有相；別人是什麼相，我要能配合。」

談及教育，大師說：「老師最重要的是養成學生用功的習慣、學習的好奇，所謂『自覺教育』，是自己學，不是老師教。明白說，均一我不是沒有能力辦，但是辦得不會有你好，我對你信任、有信心。教育不是自私為己名譽，而是要把小孩的教育辦得成功。就你目前的辦學方式，也是我辦學的理念。」

大師又說：「要讓小孩子見世面，倒不一定帶他去遊樂園、動物園，可以帶他參觀監獄、老人、殘障機構，看看苦難人的樣子，讓他生起『我很幸福』、『我要對人慈悲』的想法。他的心改造以後，表現出來的行為都會很好。」

208 叫別人開悟困難

二〇一五年三月一日下午，大師特地於南天寺法堂，與前來參與澳洲南天大學啟用典禮的大學護法委員，及信徒等二五〇人接心。

大師說：「這個世界一半一半，佛一半，魔一半，雖然要改變另外一半很困難，但是善良的這一半要用自己的心量去感動另一半，讓不好的一半跟著我們好一點，這是佛教徒應有的包容性格。」

有人問大師：「有人教人做好自己，而自己卻做不好？」

大師說：「世間怪事很多，見怪不怪，其怪必敗。有人做了不說，有人邊做邊說，有人說了不做。這世間本來就是一半一半，不必要求別人，應要求自己。學佛，叫別人開悟困難，自己開悟容易。」

209

般若與慈悲

二〇一五年八月十三日，
每天負責打掃本山法堂庭院的徒眾，向大師問道。

徒眾問：「弟子讀誦《般若心經》，二、三十年來幾乎每天都要持誦十遍、二十遍。但是有個疑點，《般若心經》是講智慧的，為什麼要觀世音菩薩來做這個應機者，有什麼另外的意義嗎？」

大師說：「《般若心經》的確是講智慧，但是智慧有時候不能單獨行事，聰明反被聰明誤，智慧也會增長愚癡、增長邪見、增長苦悲、增長執著。所以，《般若心經》講空義、講緣起、講佛法的真理，用觀音菩薩來做當機者，是因為觀世音菩薩慈悲，智慧再加慈悲，更能相得益彰。慈悲要有智慧，智慧要有慈悲，等於福慧共修。」

大師又說：「你既然讀了《般若心經》二、三十年，就知道『觀自在菩薩行深般若波羅蜜多時，照見五蘊皆空，度一切苦厄』，那是因為觀世音菩薩以慈悲心，看到智慧的內裡本質，就好像光明照亮了一切黑暗。一旦可以五蘊皆空，就沒有我執；我執是一個假名，不可以固執，離開了執著，了然明白五蘊空相的本來面目，所以才能度一切苦厄。」

大師繼續說：「世間上所謂的苦從哪裡來？都是從『我』。我不喜歡的人躲不了、我喜歡的東西得不到、這個地方我不高興、我歡喜的地方不讓我去、我要的要不到、我不要的一直來……都是以我要、不要做中心，因此產生很多的煩惱糾紛。假如把這個『我』跟『見』清楚地統合，能夠：我和我、我和處（地方）、我和人、我和事、我和思想、我和意見、我和道理，都能看得透澈、能放下、看得開，照見五蘊皆空，一切都是因緣法，能了解到這樣的程度，還有什麼煩惱痛苦？還有什麼障礙困難？還有什麼心地上的不安掛念呢？

所以《般若心經》是用慈悲來領導智慧。人間有很多的苦，有的苦是從社會來的、我執來的、感情來的、心理上的、生理上的，一定需要慈悲和智慧雙雙運用，才能引領正確的人生。」

210 信仰不能動搖

二〇一五年八月十四日凌晨，大師於本山法堂，為外出公務晚歸之法堂書記二室、人間佛教研究院職事、佛光大學研究生等九人開示。

大師說：「說到宗教信仰，有錢沒錢、有名無名、人家對我好不好都不重要。外在的風吹雨打不要緊，但我的信仰不能動搖。**自己在能不能、可不可、要不要之間要訂一個標準，經常情緒化，忍耐不住，那是沒有力量的。你能訂一個標準，按照標準做，有方針、有目標、有辦法，就會比較可靠、安全。**

在佛光山，個人不必要什麼東西，如果你能不要，就這樣苦苦做下去，常住絕不會辜負你。十年內你什麼都不要，十年後什麼都有。」

211 持咒的功能和作用

二〇一五年八月二十二日，學佛邁入第二十個年頭的周師姐，在聆聽大師的佛法開示後，舉手發問。

「請示大師，佛教的經典、咒語有這麼多，怎麼知道各自的功能跟作用呢？」

大師回答說：「佛教的經文，如果你閱讀的話，就好像看電影一樣。你看一遍電影，就有這一遍電影的影像、過程，又如看過一本佛經，就印到你心房裡。像《阿彌陀經》極樂淨土的莊嚴美妙；《維摩經》諸大菩薩不二法門的會議精采，在你心中，就有了佛種、就有了感應，將來它們會昇華成長。你想，所有的佛經你念了以後，對自我淨化、自我的進步有多少？

大師又說：「一般你接觸到某一句讓你有所感動的話，就能印心。所以讀經，也不只在讀多少經，你能一句、兩句有受用，那是最重要的。所以《法華經》、《華嚴經》，雖然那麼多、那麼大，沒有關係，你廣讀、略讀都可以；

就等於看電影、看戲，你看全部的、看局部的，都是一樣嘛。在心田裡面，我都能留下珍貴的資料。」

212 生命要賦予正能量

二〇一五年十月四日晚上，大師應邀於本山傳燈樓會議室為佛光小姐、行政祕書學苑學員開示、釋疑。

大師說：「生命活著，是為了在人間受苦嗎？是為了在人間掛礙嗎？是為了煩惱憂愁，為了鬥爭，為了天天貪瞋愚癡、嫉妒不平嗎？這樣的生命太划不來、太吃虧了，都是負面的。生命的意義，在於我們要賦予它正面的力量。縱使我沒有榮華富貴，但是我要很歡喜、平安、安全，沒有掛礙、患得患失，覺得很自由、很逍遙。」

提問：「如何征服自我？」

大師說：「說簡單，也就是《金剛經》講的『降伏其心』，要能無我相、無人、無眾生相、無壽者相，要能不住色聲香味觸法，要能超脫物質、榮華富貴、世間愛情，要建立空無思想。但是這花上幾十年修行也不容易，因為人往往講時似悟，對境生迷，人家一句話，你就生氣了；所求不能如願，你就不甘心了。」

213 苦給我學習，讓我能進步

二〇一五年十一月十七日下午，大師至叢林學院男眾學部巡視，隨緣與來自十一個國家的三十位學生接心。

大師說：「你們不要羨慕人家是博士、碩士，學問有多高，要對自己有信心。信仰很重要，要肯定自己，我能、我會、我可以、我做得到、我有未來、我要怎麼樣……否則對自己都沒有信心，就是進大學也沒有用。

搞兩人關係，一對一來往，心裡沒有別人會失敗。我一生都沒有離開大眾，無論到哪裡，至少都有三、四個人在；也沒有說五分鐘人家不知道我的去向，大家都知道師父現在在哪裡。我沒有一人行事，我在眾中。

苦很好，苦給我學習、給我增上，讓我能進步。忙也很好，忙，就有營養；忙，時間好過；忙，很歡喜。不想忙，難道睡覺懶惰，就會快樂嗎？不發心、不吃苦、不忙，未來沒有前途。」

214 不向如來行處行

二〇一五年十二月五日，
大師於本山法堂與書記二室主任妙廣法師等講話。

大師說：「『丈夫自有沖天志，不向如來行處行』，指的是行者要有自己的主張。佛教重視『自依止』，不要隨便跟著人家的腳步走，甚至佛走過的路，我們也不一定走，自己要走出一條跟佛一樣的道路。」

215 百句讚美的妙法

二〇一六年一月一日，本由國際佛光會中華總會舉辦之「幸福與安樂——佛化婚禮暨菩提眷屬祝福禮」於大雄寶殿舉行，有來自美國、西班牙、香港、菲律賓、大陸的新人，專程跨海來台參加。典禮由中華總會榮譽總會長吳伯雄擔任主婚人、總會長趙麗雲擔任介紹人。大師應邀出席為三百對眷屬證婚、開示。

大師說：「結婚要以愛才能贏得愛，這是必然的因果關係。一個家庭，不是光有金錢維持生活所需就好，還要能創造家庭歡樂的氣氛。做丈夫的，要幽默、風趣，要把歡喜、快樂帶回家，與家人共享；做太太的，也要對丈夫尊重，像母親愛護兒子般愛護丈夫。已經結婚的菩薩們，彼此要互相體諒、互相包容、互相尊重、互相信任，才能白頭偕老。」

「夫妻相處，彼此要能講一百句以上讚歎的話，做事要能互相忍耐、寬容，共同慈悲行善，尤其對於信仰，要彼此鼓勵、超越、昇華、上進。」大師如是開示維持家庭和樂的妙法。

216

有信心，萬事都成

二〇一六年一月六日下午，大師在傳燈樓集會堂，為北京大學國學院博士導師暨宗教研究院名譽院長樓宇烈率領的北京大學國學班一行一百五十人開示。

大師說：「人生最寶貴的是什麼？當然是生命，沒有生命，什麼都不用談。但是有了生命，還需要安全；有了安全，還要有物質生活；有了物質生活，還要有精神生活；精神生活也有了，還是不滿足，就要有藝術生活；等到藝術生活也有了，內心需要安定，就開始追求信仰的生活。」

「說到信仰，佛不一定要你信仰他；你信他，他不增加什麼；你不信他，他也沒有減少什麼。但你自己不能對自己不相信，一個人對自己不相信，沒具足信心，怎麼成就事業？所以，要相信我能、我可以、我做得到，對自己、對朋友、對社會、對國家要有信心。信為功德根源，信心就像建高樓的地基，你有信心，萬事都成；沒信心，一事無成。」大師闡述信心的無量功德。

217 我是佛

二〇一六年一月十一日晚上，佛光大學「社團幹部培訓營」青年學子，於傳燈樓與大師接心。

來自傳播學系心善大使社的郭同學，聽完大師「直下承擔」的開示後，向大師提問：「大師提倡的『我是佛』，這個佛，代表的是『法』，是『真理』的意義嗎？」

大師回答：「佛是依法成佛。我現在說我也是佛，當然『法』也是我所依的，我才是佛啊！我若沒有了法，我也不能成佛了！尤其對一般人來說，『佛是佛』、『我是我』，雖然嘴上說『我是佛』，但是我有煩惱、有業障、有債務、沒有還錢，問題很多！所以口裡說『我是佛』，這個是提醒自己、勉勵自己：我有佛的能量，我有佛的願望，我會減少我的罪業，我會慢慢以法來讓自己成佛；不是說一句『我是佛』，就真的成佛！」

大師又舉個例子說：「如果我是佛，我會去殺人嗎？我是佛，我會去喝酒嗎？因為『我是佛』，就不會這麼做了！又好比，常念觀世音菩薩，就不會殺盜淫妄，真的這樣嗎？〈普門品〉中說『稱念觀世音菩薩名號，設入大火，火就不能燒』，真是這樣嗎？可以實驗一下，平常你點火，大概真的會燒死自己唷！於是就說：不靈感呀。其實，這不該從事相上來看，要從道理上來講。就像現在有個人心裡頭想：『哼，這個傢伙太可惡了，殺掉他。』到了菩薩面前上香，難道還會一邊稱念『南無觀世音菩薩』，然後一邊又動念『要殺掉他』嗎？必定不會的。在菩薩面前，你息滅了殺人的惡念，這不就是『大火不能燒了嗎』！你說，菩薩沒有用嗎？在我看來，一個人即使愚癡，若真有心到佛前合掌、拜佛、懺悔，他的愚癡罪業，當下懺滅。」

大師最後說：「拜佛也都是這樣的道理。比方說，觀音菩薩很漂亮、很莊嚴。一個妄生欲念的人，到了觀音菩薩前面，淫欲念頭也就不敢生起。這不就是〈普門品〉裡，『若有眾生多於淫欲，常念恭敬觀世音菩薩，便得離欲』嗎？這樣的道理沒有懂，佛法就不能通達。」

大師以此道理勉勵同學：「『我是佛』，是自我承擔，自我提醒，自我勉勵，要用佛的能量、佛的願望，來服務大眾。」

218 雕佛如雕心

二〇一六年二月三日下午，大師於佛光山會見發心雕刻觀音像，並捐贈給佛光祖庭宜興大覺寺與南京天隆寺的玉雕藝術家宋德利伉儷等人。

大師說：「雕刻佛像，要讓佛像帶有一種靈性，要喜悅，要微笑，不是很苦的樣子。當然，這個『笑』，也不是像人笑的樣子，看起來是笑而不笑，不笑而笑，很自然的。這個笑是充滿慈悲、智慧、安詳、自在的感覺。」

「雕佛如雕心，要雕塑觀音，就要思惟、奉行觀世音菩薩的慈悲，靠的不只是技術，還要自我提升心靈的層次。」大師述說「雕佛之道」。

219

業餘與專業

二〇一六年六月十一日晚上，大師於本山傳燈樓集會堂為「第十六期青年寺院生活體驗營」一八〇位學員，以及南台別院都市佛學院二十五位學員開示，並針對學員提問釋疑。

大師說：「信仰當然也有一些條件、標準，我要信仰真理，要信仰有道德的、真實有的、有歷史的，能幫助我、提升我的人。佛教並不要我們成佛，成佛很難，而是要我們開悟，要我們悟道。」

提問：「您說不出家也可以修行，那麼出家有什麼用呢？」

大師說：「這有層次上的不同，出家如同專業運動員，在家等於業餘運動員。但是基本上，出家要有出家的性格，你沒有那個性格而出了家，不相應就會覺得痛苦，有相應才會很快樂。」

提問：「年輕人如何能在一個血氣方剛的年齡，做到『無欲則剛』？」

大師說：「這個問題，叫佛祖來幫忙也沒有辦法，要靠自己。」

提問：「大師是否還有念念不忘的遺憾？」

大師說：「在我的人生裡，沒有想過有什麼遺憾，假如有一點遺憾，那就是你怎麼樣才能得度？你得度了，我就不遺憾了。」

220 正法修學

二〇一六年七月十九日，
大師於如來殿大會堂，與短期出家修道會得戒和尚接心。

來自澳門的戒子本岸，請示大師：「有的人一生信佛、拜佛都非常的虔誠，但是他待人卻不慈悲。這樣的人，修持會有成就嗎？」

大師回答：「沒有成就，因為這樣的拜佛，都是自私的，只為自己的。福德因緣的創造，要儘量給人，要能『捨』，所以乞丐貧窮，給的人最富有。像他光是拜佛、念佛，但為人卻不慈善、不慈悲，這樣子佛菩薩不能負這個責任，他自己要為自己負責呀！」

大師又說：「講一句比較深奧的道理，當初原始佛教——釋迦牟尼佛的時代，所有的弟子們，都是以佛說的『法』為依止，佛也是以法為依止，明瞭『因果』——因緣果報。不論好與不好，都是『法』為標準。比如，心好，什麼都好；心不好，什麼都不好，這就說明心和法的關係。但可惜，後來佛教就轉變成不以法為中心，而以『佛』為中心。為什麼呢？一般人認定，佛會保護我、加持我，我可以要求他，佛會憐憫我，所謂救苦救難，就這樣子產生中國人求神拜佛的觀念。」

大師繼續說：「所以我常講，信仰的對象是什麼？就是自己的心。每個人心中的佛，都不一樣，信仰，其實一個人就是一個信仰。如果我把信仰淨化、昇華、擴大，心包太虛，把虛空都放在我的心中。所以心，就是我是佛，我是真理。修行修心，能到這個程度的體認，是長時間心量都在這種層次，才慢慢懂得，這樣一來，還會不慈悲嗎。」

大師最後說：「現在一般人，都是以佛做中心，甚至還有的人，是以師父做中心，他到寺院裡面，拜不拜佛不重要，反而是去拜師父的。經典說『自依止，法依止，莫異依止』是很重要的。宗教，講『佛、法、僧』三寶，一般則說是『教主、教義、教士』，這些都是宗教的條件。有些信佛的人，根本就不信法、不信僧，他就是拜佛；也有人，只要佛學，就像現在的學者，他管你什麼佛、僧；還有些人，只要師父，哪裡管你什麼佛、法。所以在三寶上，他只信一寶。還有的人，他是三寶都不信，他信第四寶，第四寶就是『皈依齋』！『齋』，就是吃飯呀！我是來吃素菜的，我皈依齋呀！為了吃飯而來的！這些說起來，都不是究竟的修學。」

大師以此勉勵戒子們：「自依止，法依止，言行合一，才是正法的修學。」

221 學道要突破四關

二〇一六年十月二十一日，大師在佛光祖庭宜興大覺寺，對天寧寺受戒回來的徒眾開示，與會有大覺寺僧眾、員義工、雲湖書院學員及培訓班畢業生等。

大師開示「怎樣做個出家人？」並提出修道人應具備的性格：「出家修道應具備清淨、無為、淡泊、出離心、發菩提心、有人無我的性格。尤其要應用四個思想來突破四個關卡。

一、孤獨的危險：以融入大眾對治孤獨無聊。

二、空無的迷失：在服務中成長，享有心靈的快樂，對治空無目標的迷失。

三、情欲的調伏：以少欲知足，對治情欲的衝動。

四、是非的境界：以忍耐對治人我對立、人事是非的境界。」

一名徒眾提問：「如何讓大眾接受？」

大師開示：「應自我健全，健全的個人必然讓大眾接受。擁有禮貌、勤勞、負責、關懷大眾、發心、待人好、讓人感動、替信徒添油香等，到哪裡，都能受人歡迎。」

222 要創造人間歡喜

二〇一七年十二月四日，大師下午於如來殿大會堂，為參加第二梯次「佛光山二〇一七年萬緣水陸法會」的海內外信眾，接心見面。

大師說：

一、我自從九十年前到人世間來，在長久的時間裡，覺得人間到處都要創造歡喜；懂得歡喜的人，自然能夠幸福順利。

二、我從十二歲出家至今，從沒有離開過佛教，一直過著出家的生活，覺得歡喜快樂。出家之前跟隨外祖母出入佛堂，仗著他的福報，也覺得這個世間非常歡喜。

三、人間有苦有樂，不過我們做人要懂得歡喜，就算是苦惱的事情，也要轉化成歡喜快樂。

四、我這一生雖沒有讀過書，但辦有五所大學供大家讀書，甚至在全世界設立有近三百間道場，每天都積極辦活動弘法，實在說，能時常跟有緣人在一起，覺得人間真是很快樂。

五、在這個世間上，快樂與煩惱是同等的，不過如果能有緣分藉由佛教的關係化解煩惱，就沒有痛苦，只有快樂。

六、我在世間最高興的，就是有好多常常來往的有緣人，尤其是能和佛祖經常往來。

七、我這一生對於苦樂、生死都不在意、不掛念，自覺只要能在人間廣結善緣就好。你們以後也是一樣，與所有的人都要結善緣。

八、面對困難的事情，只要發心就沒有困難。給人欺負，能轉化也是功德，想著「歡喜」就不會有痛苦。

223 勝敗乃常情，競爭要正派

二〇一七年十二月二十四日，「佛光系統運動代表隊」於本山傳燈樓舉行獻獎典禮，將冠軍獎盃獻給大師。巴西如來之子南華足球隊，則寫中文卡片祝福大師。

大師說：「感謝球隊憑著打球的技能，為本山增添很多光榮。我一生沒有讀過書，但與人結過許多善緣，所以一切都能順利，獲得全世界各知名大學頒贈三十多個榮譽博士學位，願意將這些功德、榮耀貢獻給大家。各位球員只要努力用功，一定受人尊敬，希望大家從運動中培養道德，將來為社會、國家做有意義的事情。」

球員提問：「球場上發生失誤，應如何改進？」

大師回應：「勝敗乃是人之常情，不要太計較，要正正派派比賽。」

球員提問：「當生起放棄與懈怠的念頭，該怎麼辦？」

大師回應：「平常養成不放棄的習慣，無論勝敗，過去了也會放下，找回歡喜。對待父母、朋友要盡心盡力。我提倡人生三百歲，每天排滿工作，從不休息，只願一生把歡喜送給大家。」

224 錢要用在對的地方

二〇一八年一月十一日下午，一位黃居士到佛光山來拜見大師，並表明想要奉獻佛館的周邊建設功德。

大師開示：「不能隨便捐獻，每一塊錢要捐出來都不容易。有錢不能隨便用，也不能隨便給人，當然，應該幫忙人的，也不能不幫忙。我一生都沒有儲蓄過錢，所有的錢都是大家的，大眾比我重要。」

225

謹慎就好

二〇一八年二月十六日晚上，南華大學校長林聰明、蕭素惠伉儷，到佛光山向大師請益佛法。

林校長問：「今天到藏經樓抽法語，抽到您的〈對治百法〉——『用莊嚴對治失態』，請大師為我們解答。」

大師說：「謹慎就好。在人世間生活，是是非非難免，要十全十美並不容易。對的未必對，錯的也未必錯，對中有錯，錯裡也有對，很難分別。」

林校長問：「有人談到《聖經》有部分被篡改，那麼佛經也有被篡改過嗎？」

大師說：「也會有，真真假假、假假真真，真中有假、假中有真，很難說啊！這個世間上沒有全部都是真的，也沒有全部都是假的，有假有真，不要太介意。」

林夫人問：「出家這條路，是不是一個成佛很快的道路？」

大師說：「這都有時間、因緣等種種的不同。」

226

隨緣就是最好的享受

二〇一八年八月十七日中午，大師於佛光山傳燈樓集會堂，與佛陀紀念館佛光小姐四十六人接心。隨後接受現場提問，包括生活、家庭、工作、心情等層面，同時也有佛光小姐表達出家意願。

大師說：「人生很可貴，往事已經過去那麼多時日，未來怎麼度過人生？怎麼發展人生？也要有計畫。」

提問：「人生有許多眷戀，包含對親情、友情的眷戀，不知怎麼調整心境？」

大師說：「隨緣就是了，自由自在最好，不必掛礙，不必掛念，該來的就來，不該來的，他找你也找不到，你找他也找不來。隨緣就是最好的享受。」

提問：「如何運用智慧，讓忍耐成為我們成長進步的動力？」

大師說：「多用心、想得通、看得開，快樂就會跟著你跑。」

提問：「有時候活動忙完，有了自己的時間，會突然感到茫然，不知道要做什麼。如何找到生活的重心，為自己的未來做好規劃？」

大師說：「平時心裡就要有預備，睡前看什麼書、欣賞什麼文章，要計畫好。甚至朋友來往也都要想好，像下午忙完沒有事了，就相約講講話、來往。在這個世界上，多少的來往，對未來是很重要的。」

提問：「如何用比較自在歡喜的方式勸人為善？」

大師說：「這不一定要勸。有的人你不勸他，他還是要做好人，有的人你勸他，反而不好。他有他的想法，你有你的想法，你要他跟你一樣不容易，你要跟他一樣也不可能。所以，大家要想到，每一個人福報因緣來了，到處就會都是因緣；福報因緣不來，也沒有辦法。」

提問：「要如何活得自由自在？」

大師說：「人生的自由自在在哪裡？不在別人那裡，在自己心中，你找到自己了嗎？找到自己，就找到了自由自在。」

227 「靠自己」與「靠人」

二〇一八年十月一日晚上，大師於佛光祖庭宜興大覺寺白塔，與佛光祖庭大覺寺徒眾接心、釋疑。

提問：「如何『靠自己』，以發揮最大力量來為大眾服務？」

大師說：「善知識，你要靠近他；好地方，你要靠近它；有人提供好方法，你要記住它。像我和你們在一起，你們是靠我嗎？實在說，我也要靠你們，人和人之間，就是要『靠人』，才會有辦法。」

提問：「菩薩的發願，如何能夠歷經無量劫不退轉？」

大師說：「剛開始的時候，要不退轉不容易。不過，退了，可以再加油，不斷發願，多次以後，自然就會成功。」

提問：「我希望一生都能實踐您所說的『待人好』。」

大師說：「你們說，我這一生，有對什麼人不好嗎？不能說完全沒有，多少有對人抱歉的地方。不過，有不當的地方，我要懺悔、要加強，要對他更好。

我們對人家的好事，要成就；對人家的壞事，要改善。學佛就是自己加強自己，才會有未來。」

提問：「如何提高做事的效率？」

大師說：「不要問我，要問你自己。問我，你不能做到，要問自己，才做得到。學習佛法，最重要的還是靠自己；靠別人，只是幫忙而已。」

228

永不退心

二〇一九年一月二十六日晚間，
「佛光山二〇一九年國際萬佛三壇大戒」五十六名戒子，
在本山傳燈樓四樓大師館，向得戒和尚大師禮拜。

大師開示：「先讀一篇《貧僧有話要說》的篇章〈我的發心立願〉一文，與大家共勉。」

大師說：「永遠出家！既已發心入道，就要堅持信念，不離開道場！這樣集眾緣之力，才可以承擔未來弘法利生的重任。我十二歲出家以來，即堅持一心一意做和尚。十五歲時受持三壇大戒，因燃戒疤不慎造成頭蓋骨凹陷，卻開啟禮拜觀音的因緣。經過數年努力才逐漸恢復，特別感謝佛菩薩的眷顧。

二十歲時，太虛大師到訪焦山，我與大眾一起站在隊伍中歡迎。太虛大師來到我的面前，站定下來對我說『好！好！好！』三個『好』字。我當下發願，要畢生發心兌現這三個『好』字。所以後來到了台灣，開創佛光山與遍及世界的佛光會，都要歸功於當年太虛大師的這三個『好』字。」

現場戒子提問：「如何增強信心？如何學習大師護法衛教的精神？如何規劃弘法方向？在大陸如何扎根僧伽教育？」

大師開示：「出家，自然就好。在弘法路上，秉持『盡心盡力』，就能將佛法弘傳十方。」

談及僧伽教育，大師說：「只要集合眾人的力量，團結起來共同參與，成就自然不同凡響。各位都是發心發願而來，我今日為你努力，期待未來你也為我努力，我們可以一起成就佛道！」

229 十二字真言喜悅常隨

二〇一九年九月四日晚間，大師在本山傳燈樓四樓集會堂，與香港佛光道場、佛香講堂兩百多位義工及法師接心開示。現場有儲備人才研習班、佛光山徒眾人間佛教短期研究班、禪修師資培訓班、叢林學院師生，及多位世界各地回山法師一同參加。

大師說：「我十二歲出家做和尚，算來也有八十多年了，覺得做和尚很快樂。不須掛念人生未來會如何，只要自己真心努力。佛教真好，佛教要靠大家發揚光大。」

香港信徒提問：「在家眾可以從事何種佛教事業？」、「如何忙得有營養？」

大師回應：「靠佛教一定有未來，要能給大家歡喜，努力心甘情願地做，就能逐漸感受到忙得有營養，快樂就會跟著來。當然，佛光山特有的十二字真言『做做做、苦苦苦、忍忍忍、等等等』，也很好用。等到你能體會『忍而不忍』，自然就會喜悅常隨。」

230 佛光照耀著你

二〇二〇年八月十二日，大師於本山傳燈樓三〇八會議室，出席國際佛光會世界總會各區輔導法師視訊會議，與五大洲海外道場主管職事徒眾講話。

大師開示如下：

一、世界各地的時間雖然有前後，但是請大家忍耐一點，今天大家能夠同在一起是很高興的事。

二、常住的發展是永遠的，大家要努力，齊心著力共同發心，向前有路！只要努力，人生就有發展，就有未來。

三、遠也好、近也好，我們都是一家；男眾也好、女眾也好，我們都是一家；僧眾也好、信眾也好，我們也都是一家，都是一樣。

四、我願意坐在這裡聽你們慢慢地談，我們大家要不斷地來往啊！我對你們的關心、祝福是不變的。大家要記住，我們是一家人，才進一家門，你們要常常回到本山，與本山有來往，甚至一生一世，只要有人生，大家都要來來往往。

五、你們對常住都有貢獻，由於你們的貢獻，才有我們的未來。

六、世界之大都是我們的，佛祖都是我們的，大家要同心同力，共同奉獻佛教、發展佛教。

七、現在我們缺少男眾、女眾，還要再多一點人更好，把他們度回來。

八、你們的未來還有很長、很遠，祝福你們。所有有關的人等，也請你們幫我問候他們，大家好！大家平安！

人間佛教叢書

星雲大師如是說 ㊀ 說個人事

星雲大師闡述・弟子輯錄／文稿選編自《星雲大師全集・如是說》

發 行 人　慈容法師
執 行 長　妙蘊法師
編 輯 部　賴瀅如 蔡惠琪／特約編輯 田美玲
美術設計　許廣僑
繪　　圖　吳沁頤

出版・發行　香海文化事業有限公司
地　　址　241 新北市三重區三和路三段 117 號 6 樓
　　　　　110 臺北市信義區松隆路 327 號 9 樓
電　　話　(02)2971-6868
傳　　真　(02)2971-6577

香海悅讀網　https://gandhabooks.com
電子信箱　gandha@ecp.fgs.org.tw
劃撥帳號　19110467
戶　　名　香海文化事業有限公司

總 經 銷　時報文化出版企業股份有限公司
地　　址　333 桃園縣龜山鄉萬壽路二段 351 號
電　　話　(02)2306-6842

法律顧問　舒建中、毛英富
登 記 證　局版北市業字第 1107 號

定　　價　(新臺幣) 單本 360 元 / 套書 1080 元
出　　版　2024 年 8 月初版一刷
I S B N　978-626-98849-0-2(單本)
　　　　　978-626-98849-3-3(套號)

建議分類　勵志｜修持｜管理

香海悅讀網

香海文化

國家圖書館出版品預行編目 (CIP) 資料

星雲大師如是說 . 壹 說個人事 / 星雲大師闡述；
弟子輯錄 . -- 初版 . -- 新北市：
香海文化事業有限公司 , 2024.08
360 面；14.8 X 21 公分 . --（人間佛教叢書）
ISBN 978-626-98849-0-2(平裝)
勵志｜修持｜管理

225.87　　　　113011284